Schwester
Christa Weinrich
OSB

Mischkultur
im Hobbygarten

31 Farbfotos
25 Zeichnungen

Ulmer

Inhaltsverzeichnis

Vorwort 3

Mischkultur – was ist das? 4
Der Natur abgeschaut 4
Pflanzen beeinflussen sich gegenseitig 6

Vorzüge der Mischkultur 7
Verschiedene Wurzeltiefen 7
Nährstoffe unterschiedlich nutzen 7
Den Boden beschatten 8
Bodenmüdigkeit vorbeugen 9
Krankheiten und Schädlinge abwehren 9
Sich gegenseitig im Wachstum fördern 10

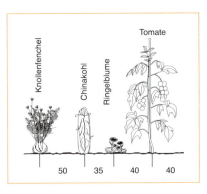

Mischkulturenanbau in Reihen 12
Gertrud Franck – Pionierin des Mischkulturenanbaus 12
Reihenmischkulturen im Jahreslauf 16
Fruchtfolgeaspekte durch jährliches Verschieben der Reihen 23

Mischkulturenanbau auf Beeten 24
Das Beet als überschaubare Einheit 24
Leit- und Begleitkulturen – Vor- und Nachkulturen 25
Erprobte Kombinationen für ein Beet 26
Negative Kombinationen 67
Fruchtfolge und Mischkultur 70

Stelldichein von Kräutern und Blumen 75
Ein- und Zweijährige 75
Mehrjährige 85

Mischkulturen im Obstgarten 94
Die Erdbeeranlage 94
Himbeeren und Brombeeren 95
Johannisbeeren und Stachelbeeren 95
Obstbäume 95

Handgriffe im Mischkulturengarten 97
Die Pflanzen heranziehen 97
Den Boden pflegen 100
Das Unkraut regulieren 103
Die Pflanzen düngen 103

Naturgemäßer Pflanzenschutz 107
Pflanzliche Spritzmittel 107
Pilzkrankheiten begegnen 112
Tierische Schädlinge bekämpfen 116

Bezugsquellen 123
Literaturverzeichnis 123
Register 124
Bildquellen, Impressum 126

Vorwort

„Warum hat die Abtei Fulda ihre Erfahrungen im Mischkulturenanbau noch nicht in einer eigenen Schrift zusammengestellt?" So hat mancher Rat suchende Gärtner schon gefragt und uns gleichzeitig zu verstehen gegeben, dass ein solches Buch auf großes Interesse stoßen würde.

Nun ist es also soweit. Erfahrungen aus mehr als 50-jähriger Mischkulturenpraxis sind in dem vorliegenden Buch leicht verständlich dargestellt, mit vielen Praxisbeispielen für Reihen- und Beetbepflanzungen, mit Zeichnungen und Tabellen. Damit hoffen wir, all jenen einen Wegweiser an die Hand zu geben, die ohne viel Zeitaufwand die Vorteile erprobter Pflanzenpartnerschaften im eigenen Garten nutzen wollen.

Dass dieses Buch entstehen konnte, verdanken wir nicht zuletzt der unermüdlichen Arbeit unserer Gartenschwestern, auch derer, die bereits verstorben sind, außerdem Frau Gertrud Franck († 1996), die uns mit Rat und Tat zur Seite stand und vielen Biogärtnern, die uns ihre Erfahrungen mitteilten. Ihnen allen gilt unser Dank.

Allen, die nach dieser Anleitung planen und arbeiten, wünschen wir gutes Gelingen, reiche Ernten und die Freude, die der Garten trotz aller Mühe, die man in ihn hineinsteckt, reichlich schenkt.

Sr. Christa Weinrich OSB
Abtei Fulda, im Herbst 2003

Mischkultur – was ist das?

Im biologischen Gartenbau ist der Begriff „Mischkultur" in aller Munde. Gemeint ist damit eine Methode des naturgemäßen Anbaues, die sich seit vielen Jahren bewährt hat. Diese Anbaustrategie steht im Gegensatz zu den Verfahren in großen Gartenbaubetrieben oder der in der Landwirtschaft weit verbreiteten Monokultur.

Monokultur bedeutet: Jeweils nur eine einzige Kultur, eine einzige Pflanzenart, wird auf einer großen Fläche angebaut, daneben auf einem anderen Stück Land wieder eine Pflanzenart für sich allein. Wenn in einem Garten fünf verschiedene Gemüsearten angebaut werden, so gibt es dort beispielsweise ein Kohlbeet, ein Möhrenbeet, ein Gurkenbeet, ein Salatbeet und ein Zwiebelbeet. Im Garten wird gelegentlich anstelle von Monokultur auch der Begriff **Gleichkultur** gebraucht, während der Begriff Monokultur eher für große landwirtschaftliche Flächen oder große Felder in Freiland-Gemüsebaubetrieben mit je einer Kulturart gebräuchlich ist. So findet man in manchen Gartenbüchern die Ausdrucksweise: „Ein Beet wird mit Zwiebeln in Gleichkultur bepflanzt". Gemeint ist jedesmal das gleiche, nämlich eine Pflanzenart steht allein für sich.

In der **Mischkultur** dagegen werden verschiedene Kulturen miteinander kombiniert. Oft wird reihenweise gewechselt, gelegentlich auch innerhalb einer Reihe. In manchen Gärten verzichtet man ganz auf die Einteilung von Beeten und zieht die Reihen einfach über die gesamte Anbaufläche. Aber auch wenn Sie der einfacheren Handhabung wegen überschaubare Beete anlegen, können Sie auf diesen Beeten die unterschiedlichsten Pflanzen miteinander kombinieren. Deshalb muss **Beetkultur** nicht im Gegensatz zur Mischkultur stehen, sondern nur dann, wenn auf einem Beet jeweils nur eine Pflanzenart wächst. Wie Sie auf herkömmlichen Gartenbeeten erfolgreiche Mischkulturen anlegen können, zeigen die anschaulichen und praxiserprobten Beispiele ab der Seite 24ff.

Der Natur abgeschaut

Warum aber macht man sich die Mühe, unterschiedliche Pflanzenarten zusammen anzubauen, immer wieder neue Kombinationen auszuprobieren, um dann die erfolgreichsten Mischkulturen beizubehalten?

Vieles, was für den biologischen oder naturgemäßen Gartenbau typisch ist, haben wir uns von der Natur abgeschaut. Ein gutes Beispiel hierfür ist der unberührte Wald. Tief wurzelnde Eichen und flach wurzelnde Buchen bilden die erste und zweite Baumschicht, niedrig bleibende Gehölze das darunter liegende Strauchwerk. Krautige Pflanzen wie Wald-Weidenröschen, Fingerhut, Springkraut, Geißbart und Farne

Beete mit Gleichkultur: auf jedem Beet wächst nur eine Gemüseart

bilden die darunter liegende „Etage" und schieben ihre Triebe bis in die Strauchschicht hinein. Den Boden bedecken Schattengräser, Buschwindröschen, Efeu, Moose und Pilze zusammen mit den jährlich abfallenden Blättern der Bäume und Sträucher. All diese Pflanzen bilden zusammen mit den größeren und kleineren Tieren, die sie beherbergen, und den Bodenorganismen ein großes Ganzes, ein **natürliches Ökosystem**. Ähnlich ist es mit einer Wiese, auf der die unterschiedlichsten Gräser, Kräuter und Blumen auf kleinstem Raum miteinander wachsen.

Die einzelnen Arten dieser Pflanzengesellschaften haben sich innerhalb großer Zeiträume hinsichtlich ihrer Lebensbedürfnisse aufeinander eingestellt und bilden nun eine Gemeinschaft auf der Grundlage gegenseitiger Konkurrenz um Licht und Wasser, aber auch Hilfeleistung und bestmöglicher Bodenausnutzung.

Auf unseren Feldern und in unseren Gärten wachsen die Pflanzen jedoch nicht wo sie wollen, sondern wo sie sollen. Die typische Kulturlandschaft um Dörfer und kleinere Ortschaften herum zeigt große Flächen einer einzigen Pflanzenart, sei es Weizen, Roggen, Kartoffeln, Rüben oder Mais. Dass solche Pflanzen nicht ohne besondere Düngung und Pflege seitens des Menschen gedeihen können, versteht sich von selbst.

Unsere Mischkulturen im Garten werden zwar nie so ideale Gemeinschaften sein, wie diejenigen, die sich natürlicherweise zusammengefunden haben. Doch wir können von diesen Pflanzengesellschaften lernen und versuchen, unsere Nutzpflanzen im Garten ebenfalls miteinander, nebeneinander und nacheinander anzubauen, so dass sie sich im Wachstum fördern und sich gegenseitig beim Kampf gegen Schädlinge und Krankheiten unterstützen.

Mischkultur – was ist das?

Pflanzen beeinflussen sich gegenseitig

Bereits 1937 veröffentlichte der Botaniker HANS MOLLISCH ein Werk mit dem Titel: „Der Einfluss einer Pflanze auf eine andere – Allelopathie", dem noch weitere Arbeiten folgten. Diese gegenseitige Beeinflussung von Pflanzen wird dabei durch arteigene besondere Wurzelausscheidungen hervorgerufen. Manche dieser Wechselbeziehungen sind so auffällig, dass sie unter Biogärtnern hinreichend bekannt sind. Die gegenseitigen Beeinflussungen sind bei Schnittblumen in der Vase oft im Verlauf weniger Stunden oder Tage sichtbar; bei Gemüsepflanzen werden sie meist erst über einen längeren Zeitraum deutlich (siehe auch Seite 10).

Der Einfluss von geeigneten Nachbarpflanzen zeigt sich nach Winter möglicherweise:
1. in einem veränderten Resistenzverhalten, so dass sich die Kulturen beim Auftreten einer Pilzinfektion nicht mehr oder kaum noch anfällig für die Krankheit zeigen,
2. in einem veränderten Wasserhaushalt, so dass sich die Kulturen bei eintretender Trockenheit durch größere Überlebensfähigkeit auszeichnen,
3. in veränderter Zusammensetzung von Inhaltsstoffen in der Nahrung, die sich erst beim Verzehr durch Tier oder Mensch bemerkbar machen.

Was liegt daher näher, als gezielt nach Pflanzenkombinationen zu suchen, die sich positiv beeinflussen und ergänzen? Die Empfehlungen, die auf den Seiten 12 bis 96 zusammengestellt sind, beruhen auf langjährigen Versuchen nicht nur im eigenen Garten, sondern auch auf Erfahrungen in anderen klimatischen Gebieten.

Botenstoffe der Pflanzen

Die Lehre von den Wechselbeziehungen zwischen Pflanzen wird als „Allelopathie" bezeichnet. Diese „Kommunikation" untereinander leisten gasförmige Stoffe (Phytonzide), die von den Pflanzen sowohl ober- als auch unterirdisch ausgeschieden werden. Diese Stoffe können die Umgebung der Pflanzen (Mikroorganismen, aber auch Nachbarpflanzen) positiv oder auch negativ beeinflussen.

Ungünstige Nachbarschaften:
- Blühender Flieder und Narzissen welken schneller zusammen mit Maiglöckchen in einer Vase.
- Vergissmeinnicht vergehen in Nachbarschaft von Narzissen schneller.
- Mohn lässt Orchideen schneller abblühen.
- Lilien bringen den kurzlebigen Klatsch-Mohn noch rascher zum Verblühen.
- Kiefer und Lorbeer, Rosen und Reseden sind Feinde.
- Rosensträucher verlieren ihre Blätter, wenn Äpfel in ihrer Nähe lagern.
- Wickenkeimlinge wachsen in der Nähe eines Apfels 21-mal langsamer als normal.
- Kartoffelknollen hemmen das Wachstum von Wicken.

Vorzüge der Mischkultur

Der Anbau in Mischkulturen bringt für unsere Kulturpflanzen weit mehr Vorteile mit sich, als gemeinhin angenommen wird. Daran ändert auch die Tatsache nichts, dass einige positive Wechselbeziehungen nicht in allen klimatischen Zonen und unter allen Umständen bestätigt werden konnten. In langjährigen Anbauversuchen bekräftigen unterschiedliche Argumente die Vorzüge des Pflanzenanbaus in Mischkultur.

Verschiedene Wurzeltiefen

Die Vorteile unterschiedlicher Wurzeltiefen verschiedener Pflanzen kommen gerade bei Mischkulturkombinationen zum Tragen. Wir kennen Gemüsearten, die fast nur die oberste Bodenschicht durchwurzeln und ausnutzen – so genannte **Flachwurzler**. Zu den Flachwurzlern gehören beispielsweise Gurken und Radieschen. Würden aber immer nur Flachwurzler angebaut, hätte man nach geraumer Zeit mit erheblichen Nährstoffverlusten zu rechnen. Bis zu einem Drittel der Nährstoffe wird durch Regen- und Gießwasser in den Untergrund transportiert. Weil aber die Flachwurzler nicht bis in den Untergrund hinabreichen, würden diese Nährstoffanteile verlorengehen, wenn nicht ein planvoller Wechsel oder eine Zusammenpflanzung von Flach- und Tiefwurzlern dafür sorgen würde, dass auch diese Nährstoffe ausgenutzt werden.

Die **Tiefwurzler,** deren Wurzeln sehr weit (bis zu 1 m und mehr) in den Boden eindringen, können nämlich die Nährstoffe noch binden, die zu versickern drohen. Darüber hinaus erschließen sie durch ihre Rückstände wiederum für nachfolgende Flachwurzler die zurückgehaltenen Nährelemente. Durch ihr Vordringen schaffen sie außerdem Wurzelröhren, über die andere Pflanzen in tiefe Bodenzonen vordringen können. Je tiefer aber eine Pflanze in den Boden vordringt, um so besser kann sie sich mit Nährstoffen aller Art versorgen und um so leichter übersteht sie auch gelegentliche Trockenperioden. Zu den Tiefwurzlern zählen die Hülsenfrüchte wie Dicke Bohnen, außerdem Tomaten.

Nährstoffe unterschiedlich nutzen

Nicht nur die unterschiedliche Wurzeltiefe verhindert, dass Nährstoffe verloren gehen, sondern auch die unterschiedlichen Bedürfnisse der Pflanzen. In den meisten Düngemitteln, auch in den organischen, ist ein immer gleiches Nährstoffangebot enthalten. Wenn nur jeweils eine Pflanzenart angebaut wird, bleiben notgedrungen einige Nährstoffe ungenutzt und gehen durch Versickern in den Unter-

Beet mit Mischkultur: Unterschiedliche Gemüsearten und Kräuter wachsen auf einem Beet

nur in beschränktem Umfang verwenden kann, ist für den Blumenkohl ein wachstumsfördernder Nahrungsanteil. Die unverwerteten Nährstoffe werden also der unmittelbaren Umgebung der Selleriewurzeln entzogen. In der Praxis weiß man seit langem, dass Blumenkohl zwischen Sellerie besonders gut gedeiht und umgekehrt. Zudem hält Sellerie mit seinem Duft Kohlschädlinge ab, so dass diese Kombination in dreifacher Hinsicht empfehlenswert ist:

- Schädlinge werden abgewehrt
- Nährstoffe werden besser ausgenutzt
- Wachstum wird gefördert

Einen ähnlichen Fall – was die Ernährungswünsche betrifft – finden wir in der Kombination von Tomaten mit Weiß- oder Rotkohl und Wirsing.

Den Boden beschatten

Auf einer Wiese wird der Boden durch das dichte Dach der grünen Blätter, im Wald zusätzlich noch durch das jährlich herunterfallende Laub vor direkter Sonneneinstrahlung geschützt. Wie wichtig diese **Schattengare** ist, hat man in letzter Zeit in der Landwirtschaft wieder neu entdeckt. Man versucht hier, den **Zwischenfruchtanbau** zeitlich so einzupassen, dass bestimmte Feldfrüchte die Beschattung des Ackers nach der Ernte des vormaligen „Schattenspenders" übernehmen.

Im Gemüsegarten kann zwischen Pflanzen wie beispielsweise Dicken Bohnen, die lang und hoch wachsen, deren Blätter jedoch nicht breit genug sind, die Sonne ungehindert einstrahlen. Ist dann der Boden unbedeckt,

grund verloren. Dass aber ein Überangebot von unerwünschten Nährstoffen auch zu Wachstumshemmungen führen kann, veranschaulichen die folgenden Beispiele:

A) Ein Beet wird mit **Sellerie in Monokultur** bepflanzt. Der Sellerie kann aber nur jeweils wenige Anteile aus dem Nährstoffangebot verwenden. Er verbraucht unnötige Energie, denn er muss jeweils länger mit seinen Wurzeln nach der richtigen Nahrung suchen und unerwünschte Nährstoffe zurückdrängen und bleibt daher klein. Die nicht verwerteten Nährstoffe versickern ins Grundwasser.

B) Wird jedoch der **Sellerie in Mischkultur** mit Blumenkohl angebaut, so bewirkt das folgendes: Was der Sellerie

trocknet er schnell aus, es bildet sich eine zusammenhängende feste Kruste, die bisweilen sogar rissig wird. Durch diese Risse wiederum verdunstet fortwährend aus tieferen Bodenschichten **Feuchtigkeit**, die die Pflanzen dringend benötigen würden. Als Folge der Bodenverhärtung kann das von den Wurzeln ausgeschiedene und von der organischen Substanz im Boden ausgeatmete und freigesetzte **Kohlendioxid** nicht mehr an die Erdoberfläche entweichen. Es reichert sich um die Wurzeln herum an und hemmt die Wurzelatmung. Aus dem gleichen Grund kann der für die Wurzeln und für die Bodenbakterien nötige **Sauerstoff** nicht in den Boden eindringen. So ist es kein Wunder, dass solche Pflanzen im Wachstum nachlassen und von Schädlingen und Krankheiten befallen werden.

Sät man jedoch zwischen die Reihen der Dicken Bohnen Spinat oder Melde, so werden die schnell wachsenden niedrigen Blätter den Boden wie kleine „Sonnenschirme" beschatten und bei Platzregen die scharfen, harten Tropfen abfangen und fein zerteilt auf die Erde entlassen. So können sie nichts von der Bodenkrume wegschwemmen oder verschlämmen. In einem solchen Boden und mit dieser Nachbarschaft fühlen sich die meisten Gemüsepflanzen wohl, gedeihen prächtig, und der Gärtner kann außer der Hauptkultur auch noch Spinat und Melde ernten.

Bodenmüdigkeit vorbeugen

Bodenmüdigkeit entsteht, wenn jahrelang auf einem Stück Land die gleiche Kultur angebaut wird. Trotz gleichbleibender Düngung und Pflege geht der Ertrag langsam zurück. Am auffälligsten findet man diese Erscheinung in Rosenzuchtbetrieben. Werden alte Rosenstöcke gerodet und neue auf den gleichen Platz gepflanzt, so bleiben diese oft stark im Wachstum zurück, so dass man sogar von „rosenmüden Böden" spricht. Da unsere Kern- und Steinobstarten ebenfalls zur Familie der Rosengewächse gehören, stellt sich auch hier leicht Bodenmüdigkeit ein, wenn Kernobst nach Kernobst und Steinobst nach Steinobst gepflanzt wird.

Um eine solche Bodenmüdigkeit zu verhindern, wird in der Landwirtschaft sowie in Gemüsebaubetrieben viel Wert auf den jährlichen **Fruchtwechsel** gelegt. In Betrieben mit Spezialkulturen ist dies jedoch nicht möglich. Aber hier kann durch einen Mischkulturenanbau die Bodenstruktur verbessert werden. Setzt man beispielsweise zwischen Rosen Studentenblumen (*Tagetes*), bleibt die Bodenmüdigkeit aus und die Rosen können nun wieder am selben Standort gepflanzt werden. Dasselbe gilt natürlich auch für andere Pflanzenkombinationen. Immer da, wo nicht eine Kulturart allein, sondern mehrere Arten miteinander wachsen, ist die Gefahr der Bodenmüdigkeit gebannt.

Krankheiten und Schädlinge abwehren

Schädlinge und Krankheitserreger haben sich im Laufe der Evolution einzelnen Pflanzengattungen oder -arten angepasst, sich also spezialisiert. Sie können die pflanzeneigene Ab-

Vorzüge der Mischkultur

> **Ursachen von Bodenmüdigkeit**
> – Einseitige Nährstoffausnutzung
> – Ansammlung von hemmenden Wurzelausscheidungen
> – Entstehung einer einseitigen Mikroorganismenflora, die den Wurzelbereich umgibt und die Nährstofflösung einseitig reguliert
> – Entwicklung von Krankheitskeimen oder Schädlingen, die nur eine Pflanzenart befallen

wehr ihrer Wirtspflanzen umgehen und in Gewebe und Zellen eindringen.

Um solche Angriffe überstehen zu können, haben sich Pflanzengemeinschaften entwickelt, die sich gegenseitig durch spezielle **Wurzelausscheidungen** helfen. Überträgt man diese Erkenntnis auf unsere Kulturpflanzen, so heißt das: Es müssen gezielt die richtigen Partner zusammen gepflanzt oder andere Maßnahmen ergriffen werden, um sie zu schützen.

Von Praktikern wird seit langem bestätigt, dass gemischte Bestände weitaus seltener einer Schädlingsplage oder einer Krankheit zum Opfer fallen als Monokulturen. Da Schadinsekten und Krankheitserreger gattungs- oder artbezogene **Wirtspflanzen** haben, ist das durchaus einleuchtend. Zudem besitzen viele Schädlinge die Fähigkeit, ihre Wirtspflanzen über kilometerweite Entfernungen hin auszumachen. Stellen wir uns einmal ein großes Kohlbeet oder gar ein Kohlfeld vor. Alle Kohlpflanzen scheiden den für uns kaum wahrnehmbaren Stoff Sinigrin aus, der aber viele Kohlschädlinge geradezu anlockt. Fliegen dann Kohlblattläuse auf dieses Beet zu, finden sie reichlich Nahrung, ihre Nachkommen können ungehindert von Pflanze zu Pflanze wandern und bald ist der gesamte Bestand befallen.

Bei einer Mischkultur dagegen wird schon die Wanderung der Schädlinge von Pflanze zu Pflanze erschwert, wenn zwischen den Reihen der Hauptkulturen immer wieder **Hindernisse** in Form von Pflanzen eingestreut sind, die nicht als Wirtspflanzen für die jeweiligen Schädlinge in Betracht kommen. Aber auch schon vorher bildet der gemischte Bestand einen Schutz vor bestimmten Pflanzenfeinden. Da nämlich jede Pflanze ihre eigenen Duftstoffe ausscheidet, entsteht ein **Duftgemisch**, das die Schädlinge verwirrt. So finden sie ihre Wirtspflanzen oft gar nicht. Es gibt sogar Kombinationen, bei denen die Ausscheidungen des einen Partners die Feinde des anderen Partners regelrecht abschrecken.

Diese Beispiele sind längst noch nicht vollzählig, weil immer noch weiter mit Mischkulturen experimentiert wird. Vor allem die schädlingsabwehrende Kraft vieler Würzkräuter ist noch nicht ausreichend erforscht. Auch haben bisher wenige Versuche die Blumen mit in die Gemüsebau-Mischkultur einbezogen. Doch auch da gibt es schon positive Erfahrungen, die ab der Seite 75ff. ausführlich beschrieben werden.

Sich gegenseitig im Wachstum fördern

Schließlich gehört es zu den Vorteilen der Mischkultur, dass es auch Pflanzen gibt, die sich nachweislich im Wachstum fördern, wie bereits auf Seite 6f. erwähnt. Möglicherweise gehen wachstumsfördernde Reize noch viel häufiger von einer Pflanze auf die andere über, nur wird eine gut gelungene Kombination nicht immer auf ihre Ursachen hin analysiert.

Sicher ist aber auch, dass viele Pflanzen in Gleichkultur Wachstumshemmungen aufweisen. Der Botaniker FRIEDRICH BOAS hat das mit Kressepflanzen nachgewiesen, die er in mehreren Reihen nebeneinander aussäte. Nach dem Auflaufen der Saat zeigte sich eine deutliche Hemmwirkung in der Mitte. Da wir in unseren Gärten in der Regel nie mehr als vier Reihen nebeneinander säen, wird diese Hemmwirkung durch die Randwirkungen fast ganz verdeckt.

In der Nachbarschaft von Salat lassen sich gesunde Radieschen ernten

Erprobte „Schutz- und Trutz"-Bündnisse gegen Schädlinge:

- Sellerie: er wehrt mit seinem Geruch Kohlfeinde ab
- Tomaten: sie halten ebenfalls Kohlfeinde in Grenzen
- Frühmöhren: sie halten von Lauch und Zwiebeln die Lauchmotte fern
- Zwiebeln und Lauch: sie wehren die Möhrenfliege ab
- Knoblauch: er schützt Erdbeeren vor Milbenbefall
- Salat: er hält Erdflöhe von jungen Kohlpflanzen und Radieschen fern
- Spinat: er schützt ebenfalls vor Erdflöhen
- Duftgeranien: sie halten in Gewächshäusern die Weiße Fliege ab
- Majoran: er kann Ameisen vertreiben

Auf gute Nachbarschaft!

- Schierling und Hafer fördern sich gegenseitig.
- Die Nachbarschaft von Zwiebeln und Knoblauch fördert das Wachstum von Wicken.
- Möhren unterstützen das Wachstum von Straucherbsen und Wicken.
- Sellerie und Blumenkohl gedeihen besonders gut zusammen.
- Frühkartoffeln beeinflussen Dauerkohlarten positiv und umgekehrt, solange die Frühkartoffeln so früh geerntet werden, dass die Kohlpflanzen in ihrem kräftigen Wachstum ab Ende Juli nicht behindert werden.
- Die Blüten von Kapuzinerkresse oder Tulpen halten im Vasenwasser normalerweise nur einen Tag. Zusammen mit einem Zweig des Lebensbaumes bleiben sie einige Tage lang frisch.

Mischkulturenanbau in Reihen

Bei den folgenden Beispielen gehen die Kulturvorschläge nicht von Beeten mit Rändern bzw. Wegen aus, sondern von einem zusammenhängenden Gartenstück. Wird der bestellte Boden für Pflege oder Ernte betreten, kann man die entstandenen Trittspuren beim Rückwärtsgehen wieder mit der Hacke auflockern. Exemplarisch wurden hier Gartenstücke mit 2 beziehungsweise 4 m Breite zugrunde gelegt; sollten Sie mehr Fläche zur Verfügung haben, können Sie die Pflanzabschnitte einfach entsprechend vervielfachen.

Gertrud Franck – Pionierin des Mischkulturenanbaus

Auf der schwäbischen Alb unter denkbar ungünstigen Bodenverhältnissen entstand bereits in den 70er-Jahren ein vorbildlicher Mischkulturengarten. GERTRUD FRANCK (* 25. 09. 1905, † 18. 04. 1996) gelang es in jahrzehntelanger Praxis, ihre Erfahrungen zu einem regelrechten System auszuarbeiten.

Ihre Aufzeichnungen berichten von anfangs unerklärlichen Beobachtungen, die sich jährlich wiederholen.

Mischkultur in Reihen: Kohlsetzlinge und Salatpflänzchen wachsen zwischen schnurgeraden Saatreihen heran

Manche Pflanzen gediehen in bestimmten Nachbarschaftsverbänden immer besser und in anderer Pflanzennachbarschaft jeweils schlechter. Schließlich wurde es ihr zur Gewissheit, dass die Pflanzen sich gegenseitig beeinflussten. Nun begann sie, systematisch zu experimentieren, die im Laufe der Zeit gewonnenen Einsichten zu kontrollieren und mit biologischen Abläufen aus der ungestörten Natur zu vergleichen. So konnte sie in ihrem Garten ein gut durchdachtes Mischkultursystem erarbeiten. Gleichzeitig ahmte GERTRUD FRANCK mit der dazugehörigen Bodenpflege durch **Bodenbedeckung** und **Flächenkompostierung** sowie durch passende **Vor-, Nach- und Untersaat** geeigneter kurzlebiger Pflanzen ein Stück Natur nach, das keinen unbesiedelten, leeren Boden duldete. Der Garten dankte es ihr durch konstante Bodenfruchtbarkeit und gesunde Erträge.

Ihre Impulse für den Anbau von Mischkulturen im Klostergarten der Abtei Fulda und die entsprechenden Versuche dazu führten zu einer fruchtbaren Zusammenarbeit zwischen GERTRUD FRANCK und den Schwestern der Abtei Fulda.

Mischkulturen-Alphabet

A-Kulturen: Kulturen mit langsamer Wachstumszeit, die ihren Platz im Garten etwa ab Mitte Mai bis zum Ende des Jahres beanspruchen. In A-Reihen werden beispielsweise gepflanzt oder gesät: Tomaten, Stangenbohnen, Gurken, Spätkohlarten.

B-Kulturen: Pflanzen, die entweder nur in der ersten oder zweiten Hälfte des Vegetationszeitraums Platz benötigen, werden genau zwischen zwei A-Reihen angelegt. Beispiele für B-Kulturen sind: Zwiebeln, Erbsen, Lauch, Möhren, Frühkohl, Buschbohnen.

C-Kulturen: Pflanzen mit kurzer Kulturführung bis zur Ernte. In C-Reihen können jeweils mehrere Kulturen aufeinander folgen, etwa: Frühe Karotten, Salate, Kohlrabi, Radieschen, frühe Rettiche.

Mit Maß gärtnern

In den folgenden Pflanzbeispielen werden immer exakte Pflanzabstände in cm angegeben, um dem Anfänger die Beeteinteilung zu erleichtern. Mit ein wenig Erfahrung und bei einigermaßen gutem Augenmaß können Sie die ersten Reihen der Beetränder bzw. die Beetmitte markieren und für Zwischensaaten jeweils die abgeschätzte Mitte zwischen den Einzelreihen wählen. Hilfreich ist es auch, sich Handspannen, Stiel- oder Blattlängen von Arbeitsgeräten ungefähr auszumessen und diese als Hilfsmaße einzusetzen – denn welcher gestandener Gärtner teilt seine Beete schon mit dem Zollstock ein?

Die Franck'sche Mischkulturen-Strategie

Das ABC der Mischkultur

Unsere Gemüsearten haben eine unterschiedliche **Reifezeit** und **Kulturdauer**, sie benötigen also ihren Platz

Mischkulturenanbau in Reihen

im Garten jeweils für eine ganz bestimmte Zeit. Für die Zusammenstellung von Mischkulturen ist dieser Gesichtspunkt nicht unerheblich. So teilte auch GERTRUD FRANCK alle für ihren Garten in Frage kommenden Gemüsearten in drei verschiedene Gruppen ein, nämlich in **A-, B- und C-Kulturen**.

Spinat als Grundlage
Nach dem Mischkultursystem von GERTRUD FRANCK wird im Frühjahr zunächst der ganze Garten mit **Spinat** mit je 50 cm Abstand von Reihe zu Reihe eingesät. Spinat wirkt sich mit seiner weichen saponinhaltigen Wurzel äußerst günstig auf die Bodenstruktur aus. Er keimt und wächst schnell, kann also rasch den Boden beschatten. Außerdem ist er eine hervorragende **Vorkultur** für fast alle Gemüsearten mit Ausnahme von Roten Beten und Mangold, die zur gleichen Familie gehören. Durch diese Spinat-Einsaat ist der Garten gleichzeitig geordnet und eingeteilt. Zwischen die Spinatreihen können jetzt nach und nach die geplanten A-, B- und C- Kulturen angelegt werden. Ein Gartenstück von 2 m Breite entspricht dann dem Schema links unten.

Die Reihen, die für die späteren A-Kulturen freigelassen wurden, beispielsweise die geplanten Tomatenreihen, können Sie auch mit **Senf** einsäen. Er beschattet und durchwurzelt den Boden und hält ihn unkrautfrei. Ist es Zeit Tomaten zu pflanzen, wird er einfach ausgehackt und bleibt als Bodenbedeckung liegen.

Auch der Spinat wird, sobald er zu schießen beginnt, ausgehackt und bleibt zwischen den Reihen als erste Schicht der Bodenbedeckung liegen, die im Laufe des Jahres zwischen den Reihen aufgebracht wird und als **Flächenkompost** dem Boden Nährstoffe zuführt. Vorher können Sie natürlich laufend davon ernten. Zwar wird ein normaler Haushalt den vielen Spinat kaum bewältigen können – vielleicht haben Sie ja Abnehmer in der Nachbarschaft oder eine große Gefriertruhe. Seine eigentliche Aufgabe ist hier die **Bodenverbesserung**.

Das Besondere an diesem System ist, dass der einmal ausgearbeitete Gartenplan jedes Jahr wieder verwendet werden kann – unter einer Bedingung: Die Reihen müssen sich jeweils um 25 cm verschieben. So werden die A-, B- und C-Reihen auf den Spinatreihen des Vorjahres angelegt. Durch den verrotteten Flächenkompost haben sie hier bestmögliche Bedingungen und in den Zwischenreihen sorgen nun der Spinat und der später aufgebrachte Flächenkompost dafür, dass auch im folgenden Jahr die Gartenkulturen wieder optimale Start- und Wachstumsbedingungen haben.

Spinat als Grundlage	
25 cm	Spinat
25 cm	Möhren
25 cm	Spinat
25 cm	Zwiebeln
25 cm	Spinat
25 cm	(frei für Tomaten)
25 cm	Kopfsalat gemischt mit Radieschen
25 cm	

Pflanzabstand

Gertrud Franck

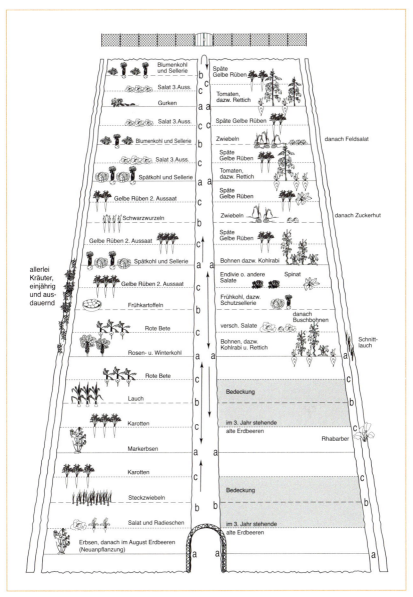

Der Mischkulturenplan von Gertrud Franck

Reihenmischkulturen im Jahreslauf

Für manche Kleingärten ist das Franck'sche Schema vielleicht zu streng geplant, oder der Garten ist zu klein, um es konsequent durchführen zu können. Es gibt aber auch die Möglichkeit, jeweils einige Reihenmischkulturen zusammenzustellen, die dem eigenen Bedarf besonders entgegenkommen.

Wenn im März der Boden genügend abgetrocknet ist, können Sie das Land für die Saat und Pflanzung vorbereiten. War der Boden über Winter mit Mulch bedeckt, so rechen Sie jetzt die Reste ab. Der Boden wird gelockert, die obere Schicht mit einem Karst oder Rechen fein zerkrümelt und das ganze Land vorbeugend gegen Pilzkrankheiten mit 1:10 verdünnter **Ackerschachtelhalmbrühe** (siehe Seite 109) überbraust. Dann werden die Reihen gezogen und das Gartenstück je nach Plan bestellt.

Im Folgenden werden einige Beispiele für Reihenmischkulturen im Laufe eines Gartenjahres vorgestellt.

Frühjahr bis Herbst

Beispiel 1:
Ein Gartenstück von 4 m Länge kann wie folgt bestellt werden:
März: In Abwandlung zum System von GERTRUD FRANCK werden drei Reihen Spinat im Abstand von nur je 25 cm gesät. Der Spinat ist hier die Vorkultur für den später zu pflanzenden Blumenkohl und Sellerie. Im Anschluss daran sät man den Spinat dann nur noch in jede zweite Reihe, also jeweils im Abstand von 50 cm. Unseren Erfahrungen nach hat sich neben dem Spinat auch die **Melde** hervorragend für diese Vor- und Zwischensaaten bewährt. Sie gehört zur selben Pflanzenfamilie wie der Spinat, ist aber etwas robuster und wird nicht von Mehltau befallen. Außerdem kann sie noch geschnitten und verwertet werden, wenn sie geschossen ist. Die Triebspitzen sind sehr zart und keinesfalls bitter wie beim geschossenen Spinat.

Gleichzeitig mit Spinat oder Melde, jeweils in die Zwischenreihen, werden ausgesät: **Dicke Bohnen, früher Salat zusammen mit Radieschen, frühe Möhren, Zwiebeln.** Auf das restliche, etwa 1,25 m breite Stück Land wird breitwürfig **Senf** ausgebracht. Dieses Stück bleibt für die Tomaten, die erst in der zweiten Maihälfte nach draußen kommen, reserviert.

Das Gartenstück gliedert sich somit in drei Teile:
- Spinat im Abstand von 25 cm,
- Spinat im Wechsel mit frühen Kulturen (jeweils im Abstand von 25 cm),
- Senf

Natürlich können bei größeren Gärten und mehr Bedarf die Reihen beliebig oft wiederholt werden, jeweils mit Spinat als Zwischenreihe.

Die Zeichnung auf Seite 17 oben zeigt die Pflanzenfolge im März.
April/Mai: Zu dieser Zeit hacken Sie auf dem ersten Stück (drei Reihen Spinat im Abstand vom 25 cm) die mittlere Spinatreihe aus. Die Pflanzen bleiben einfach auf dem Boden liegen und werden etwas zur Seite gezogen. In diese Reihe pflanzen Sie nun **Blumen- oder Kopfkohl** im Abstand von jeweils

Reihenmischkulturen im Jahreslauf

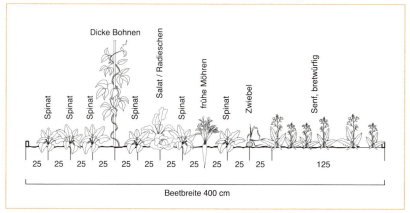

Mischkultur in Reihen, Beispiel 1, März

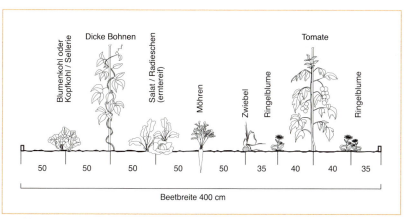

Mischkultur in Reihen, Beispiel 1, Mai

100 cm in der Reihe. Etwa zwei Wochen später, also in der zweiten Maihälfte, kommt in die Zwischenräume **Knollen-Sellerie**, so dass sich in dieser Reihe Blumenkohl bzw. mittelfrüher Kopfkohl mit Sellerie abwechselt. Der Abstand von Reihe zu Reihe beträgt 50 cm. Mittlerweile ist auch der übrige Spinat ausgehackt und liegt als Bodenbedeckung zwischen den Reihen. Radieschen und Salat werden laufend geerntet, ihre Reihe weist schon große Lücken auf. Die **Tomaten** pflanzen Sie nach den Maifrösten in die Mitte des Stückes, das mit Senf eingesät war, im Abstand von 60 cm

Mischkulturenanbau in Reihen

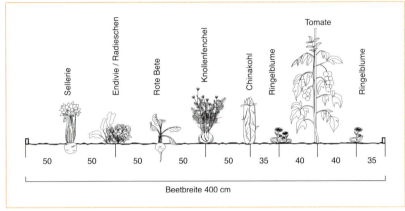

Mischkultur in Reihen, Beispiel 1, August

zueinander. Auf beiden Seiten der Tomatenpflanzen werden **Ringelblumen** gesät. So hat sich das Gartenstück innerhalb von sechs bis acht Wochen stark verändert, wie die untere Zeichnung auf Seite 17 zeigt.

Juni/Juli: Nun sind der Blumenkohl, der Kopfkohl und der Sellerie herangewachsen. Zwischen den Reihen ist nach und nach eine Bodenbedeckung aufgebracht worden in Form von Rasenschnitt und zerkleinerten Gartenabfällen. Über diese Schichten kann man bequem laufen, ohne den Boden festzutreten, wenn Pflegearbeiten (Düngen, Gießen) anstehen. Möhren und Zwiebeln sind ebenfalls herangewachsen und benötigen kaum noch Pflege, es sei denn, der Regen bleibt lange Zeit aus. Dann müssen Sie wässern. Auf Radieschen und Salat folgen **Rote Bete**, die inzwischen schon auf 15 bis 20 cm in der Reihe vereinzelt wurden. Die Dicken Bohnen sind erntereif und werden zweimal in der Woche durchgepflückt. In die Pflanzenfolge ist als Neuling nur die Rote Bete hinzugekommen.

August: Nach Ernte der Dicken Bohnen können Sie nun **Herbst-Radieschen** an ihren Platz säen und **Endiviensalat** im Abstand von 50 cm in der Reihe pflanzen. Bis zum Ende des Monats sind auch die Möhren und Zwiebeln geerntet. Dort, wo die Möhren standen, pflanzen Sie nun **Knollen-Fenchel** im Abstand von 25 cm, auf den Platz, an dem die Zwiebeln standen, kommt **Chinakohl** mit einem Pflanzabstand von 60 cm zueinander in der Reihe. Blumenkohl und Frühkohl sind nun ebenfalls geerntet und der Sellerie hat genügend Platz, um sich auszubreiten. Von den Tomaten sollten Sie ständig die sich rötenden Früchte pflücken, damit noch möglichst viele grüne Tomatenfrüchte zur Reife kommen.

Die obige Zeichnung zeigt einen Querschnitt durch das Beet im August.

Reihenmischkulturen im Jahreslauf

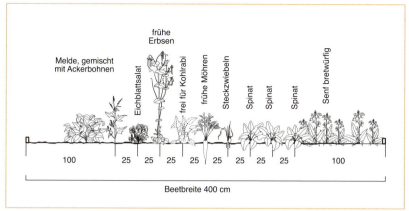

Mischkultur in Reihen, Beispiel 2, März

Oktober: Zum Herbst hin werden die Tomaten schließlich abgeräumt. Als nächstes werden die Roten Bete geerntet, dann die Radieschen, zwischendurch wird immer wieder Endiviensalat zum jeweiligen Gebrauch entnommen; Sellerie und Knollen-Fenchel folgen und schließlich, bevor stärkere Fröste zu erwarten sind, müssen Sie auch den Chinakohl hereinholen. Das ganze Gartenstück kann dann aber noch eine **Senfeinsaat als Gründüngung** erhalten.

Beispiel 2:
Wir haben wieder ein Gartenstück von 4 m Länge vor uns.
März: Im Frühling stehen am Rand noch zwei Reihen **Feldsalat**, die im Herbst des vergangenen Jahres gesät wurden, und warten auf die Ernte. Im Anschluss daran und auch zwischen den Feldsalat wird nun breitwürfig **Melde** gesät, gemischt mit **Ackerbohnen**, auf ein Stück von 1 m Breite (einschließlich der Feldsalatreihen). Hier soll im Mai eine Reihe Gurken gelegt werden. Etwa 25 cm von der Melde entfernt wird eine Reihe **Eichblattsalat** gesät, danach, im Abstand von 25 cm eine Reihe **frühe Erbsen**. Für frühe Erbsenaussaaten eignen sich die Palerbsensorten, die auch tiefere Temperaturen vertragen. Man erkennt sie am glatten, runden Samenkorn, während die wärmebedürftigeren Markerbsen geschrumpfte Körner ausbilden. Nun können die **Möhren** und **Steckzwiebeln** folgen, ebenfalls mit 25 cm Abstand zueinander. Man be-ginnt mit Möhren, dann folgen Steckzwiebeln. Zwischen Erbsen und Möhren bleibt zunächst noch eine Reihe frei für **frühe Kohlrabi**, von denen Sie besser vorgezogene Jungpflanzen setzen sollten. Schließlich fügen sich noch drei Reihen **Spinat** im Abstand von 25 cm als Vorkultur für Buschbohnen an. Der letzte Meter wird wieder mit Senf eingesät und für eine Tomatenreihe reserviert.

Mischkulturenanbau in Reihen

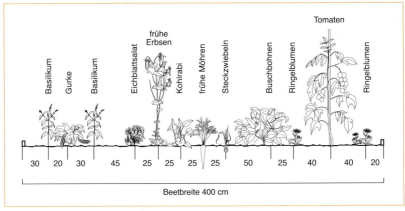

Mischkultur in Reihen, Beispiel 2, Mai

Mai: Nun ist der Feldsalat geerntet, die Melde wurde – nachdem sie einige Mahlzeiten geliefert hat – zusammen mit der Ackerbohne entfernt. Auf dieses erste Stück, 50 cm vom Rand entfernt, setzen Sie nun nach den Eisheiligen die **Gurken**. Bewährt hat es sich, zunächst einen kleinen etwa 10 cm hohen Wall aus Mistkompost oder nährstoffreichem Gartenkompost aufzuschichten. Auf diesen Wall pflanzt man im Abstand von je 40 cm zueinander die vorgezogenen Gurkenpflanzen. Gleichzeitig kann **Basilikum** rechts und links entlang der Gurken im Abstand von 20 cm zur Gurkenreihe ausgepflanzt werden. Haben Sie genügend Basilikumpflanzen, so setzen Sie das Kraut jeweils in die Zwischenräume zu den Gurkensetzlingen, also auch jeweils alle 40 cm. So können die Gurken später um das Kraut herum ranken und werden vor Mehltau geschützt.

Eichblattsalat, Möhren und Zwiebeln sind herangewachsen, der Salat liefert laufend schmackhafte Blätter für die Küche. Auch den Spinat kann man mittlerweile ernten, dafür eine Reihe **Busch- oder Strauchbohnen** säen. Bei der Bohnensaat legen Sie entweder alle 8 bis 10 cm ein Bohnenkorn in die Rille, so dass die Pflanzen später einzeln in ungefähr gleichmäßigem Abstand stehen, oder Sie säen in Horsten, alle 40 cm fünf bis sieben Bohnen. Der Ertrag ist bei beiden Varianten ungefähr gleich. Damit die Bohnensamen besser keimen, sollten Sie sie vorher zwölf Stunden in Kamillentee einweichen. Auf das letze Stück kommen wie im ersten Beispiel **Tomaten**, die wieder von **Ringelblumen** gesäumt werden. So ist auch hier schon im Mai das Gartenbild verändert, wie es die oben abgebildete Pflanzenfolge verdeutlicht.

Juni: Im Frühsommer hat sich das Gartenbild erneut gewandelt: Eichblattsalat und Kohlrabi sind geerntet, die herangewachsenen Erbsenhülsen müssen

Reihenmischkulturen im Jahreslauf

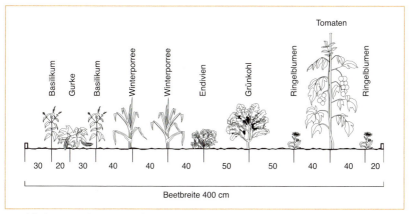

Mischkultur in Reihen, Beispiel 2, August

laufend ausgepflückt werden. Soweit organisches Material vorhanden ist, sollten Sie dieses zwischen die Reihen als Bodenbedeckung aufbringen. Alle anderen Gemüsearten sind herangewachsen und warten teilweise schon auf die Ernte. Zwar ist seit Mai keine Gemüseart neu hinzugekommen, aber allein durch das schnelle Wachstum während dieser Zeit hat das Gartenstück nun ein ganz anderes Erscheinungsbild.

August/September: Im Spätsommer zeigt sich uns wieder ein anderes Bild. Die Erbsen sind geerntet und **Winterporree** hat ihren Platz eingenommen (Pflanzung bis 20. Juli). Auch die Buschbohnen sind inzwischen abgeräumt; an ihrer Stelle steht nun **Grünkohl** (Alternative: **Rosenkohl**), der im Abstand von 35 cm zueinander in der Reihe gepflanzt wurde. Und auf die frei gewordenen Zwiebel- und Möhrenreihen folgt **Endiviensalat** im Abstand von 40 cm zueinander.

Wenn Ende August auch die Gurken das Feld geräumt haben, können Sie dort noch **Spinat oder Feldsalat** säen. An den Tomaten reifen laufend Früchte nach, die gepflückt werden wollen. Sie können bei warmer und trockener Witterung noch bis in den Oktober hinein stehen. Endiviensalat kann bis zu den ersten Frösten draußen bleiben und Winterporree sogar bis zum jeweiligen Gebrauch.

Spätherbst und Winter

Geht das Gartenjahr auf den Spätherbst zu, bietet der Mischkulturenanbau Möglichkeiten an, für die Fruchtbarkeit des folgenden Jahres weiter vorzusorgen. Sobald eine Gemüsereihe abgeerntet ist, folgt bei frostfreier Witterung eine Einsaat mit **Senf**. Für andere Grüneinsaaten ist es ab November zu spät, doch den schnell keimenden Senf können Sie im Falle eines milden Dezembers bei Plusgraden

Grün- und Rosenkohl sowie Lauch halten auch noch bei Schnee und Eis im Garten die Stellung

säen. Vorher müssen Sie die Reihen von Unkraut befreien und den Boden mit einem Kultivator lockern. Das herbstliche Umgraben ist gerade im Mischkulturengarten nicht nötig (siehe Seite 100f.). Ist es auch für die Einsaat von Senf zu spät, können Sie auf diese Streifen eine **Mulchdecke** von etwa 5 cm aufbringen. Dafür eignen sich Bohnen- und Erbsenstroh (wenn möglich gehäckselt), Kartoffel-, Tomatenkraut oder sonstige Pflanzenabfälle. Diese geben durch ihr Verrotten dem Boden viele Nährstoffe zurück. Anstelle dieser Gartenabfälle können Sie auch halbreifen Kompost ebenfalls etwa 5 cm hoch über die unbedeckten Flächen ausstreuen.

Wenn nach und nach alles abgeerntet ist, halten **Grün- oder Rosenkohl** sowie **Winterporree** die Stellung. Grün- und Rosenkohl müssen Frost abbekommen, bevor sie richtig schmecken. Deshalb bleiben sie draußen und werden je nach Bedarf geerntet. Lauch bzw. Porree kann ebenfalls im Garten bleiben, wird aber mit Fichtenreisig bedeckt. Die Reihen, auf denen der Lauch überwintert, sind für die Frühjahrsaussaat von Möhren bestens vorbereitet. Die Möhrenfliege wird sie meiden! Da Sie bei Schnee und starkem Frost nicht ernten können, holen Sie am besten bei Bedarf vorher einige Stangen in den Lagerraum und bedecken diese wie das übrige Gemüse mit Sand. Schließlich bleiben bis zum Frühjahr noch zwei robuste Blattgemüse: **Feldsalat** braucht keine Abdeckung, **Winterspinat** wird leicht bedeckt.

Im Frühjahr werden noch vorhandene Rückstände der Gründüngung und der Bodenbedeckung abgeräumt, der inzwischen verrottete Kompost eingeharkt und die neue Gartenbestellung kann beginnen.

Fruchtfolge durch jährliches Verschieben der Reihen

Aus der Landwirtschaft wissen wir, dass das Einhalten bestimmter **Fruchtfolgen** für die Fruchtbarkeit eines Ackers unbedingt notwendig ist. So sollten Sie nach **Getreidefrüchten** immer **Hackfrüchte** anbauen und anschließend noch eine **Gründüngung**, beispielsweise mit Klee vorsehen. Im Grunde will man mit der Fruchtfolge das Gleiche bewirken wie mit der Mischkultur: Der Boden soll nicht einseitig beansprucht werden, indem durch Gewächse mit Unterschieden hinsichtlich Wurzeltiefe und Nährstoffbedarf verschiedene Bereiche des Bodens genutzt werden. Pflanzen, die durch ihre Rückstände den Boden anreichern, gleichen den Anbau von solchen Pflanzen aus, die dem Boden fast nur Stoffe entziehen.

Wenn Sie in einem Mischkulturengarten stets beachten, dass **Schwachzehrer** oder den Boden verbessernde Pflanzen neben **Starkzehrern** stehen, so brauchen Sie sich wenig Gedanken um die richtige Fruchtfolge zu machen. Innerhalb eines Gartenjahres entsteht ja schon eine ausgewogene Mischung, die den Boden nicht auslaugt.

Rotationsprinzip einer Reihenmischkultur

Standen die Reihen der Hauptkulturen, die während der Vegetationszeit am längsten den Platz beanspruchen, im vergangenen Jahr mindestens 50 cm weit auseinander, so kommen sie im nächsten Jahr genau in die Zwischenräume. Jede Kulturart rückt also 25 cm weiter. So kommt keine einzige Hauptkultur im folgenden Jahr direkt auf die Reihe einer vorjährigen Hauptkultur. Im nächsten Jahr verschieben sich die Abstände dann wieder um 25 cm, so dass mit Vor- und Nachkulturen und winterlicher Gründüngung stets eine ausgewogene Mischung entsteht.

Mischkulturenanbau auf Beeten

Im Gegensatz zum vorangehenden Abschnitt gehen diese Mischkulturen-Beispiele von Beeten mit Rändern für Zwischenwege aus. Hier kann man für Pflege oder Ernte einfacher zwischen die Reihen treten, allerdings geht für die Wege auch etwas an Platz verloren. Exemplarisch wurden hier Beetflächen mit 1,20 m Breite zugrunde gelegt; sollten Sie mehr Fläche zur Verfügung haben, können Sie die Pflanzabschnitte einfach entsprechend vervielfachen und die Wege jeweils in einfacher Breite belassen.

Das Beet als überschaubare Einheit

Für viele Berufsgärtner, aber auch für die meisten Kleingärtner, ist die Einteilung der Kulturfläche in Beete eine große Arbeitserleichterung. Dabei hat sich auf internationaler Ebene eine Beeteinteilung von **1,20 m Breite** eingebürgert. Dieses Beetmaß hat sich deshalb als praktisch erwiesen, weil ein Mensch durchschnittlicher Größe die Mitte des Beetes gerade noch mit den Gartengeräten erreichen kann, ohne das Beet selbst zu betreten. Für kleinere Gärten haben sich auch Beete von nur **1 m Breite** bewährt. Die meisten der angegebenen Beispiele lassen sich auf solche Beete übertragen, wenn Sie die jeweiligen Reihenabstände um 3 bis 5 cm variieren.

Ein solches Beet soll quer zur Haupt-Windrichtung liegen. Da der Wind bei uns meist vom Westen kommt, werden die Beete also in **Nord-Süd-Richtung** angelegt. So kann außerdem die Sonne den ganzen Tag alle Pflanzen gleichmäßig bescheinen. Von beiden Seiten wird das Beet durch einen **30 cm breiten Weg** abgegrenzt. So kann man bequem von den Rändern aus das Beet bearbeiten, ohne auf das Land treten zu müssen.

Die Wege zwischen den Beeten können Sie einfach feststreten. Besser ist es aber, sie mit **Steinen** oder **Holz** zu befestigen. Sind die Beete einmal angelegt, sollen sie ja für viele Jahre ihren Dienst tun, außerdem sind sie so auch bei feuchter Witterung begehbar. Auch eine Bodenbedeckung mit **Sägemehl** oder **Rindenmulch** für die Wege hat sich bewährt. Dadurch wird aufkommendes Unkraut unterdrückt und die Wege bleiben für etwa drei Jahre sauber. Doch darf man die oben genannten Materialien wirklich nur für die Wege, nicht für das Gemüseland verwenden, da sonst auch die jungen Pflanzen in ihrem Wachstum gehemmt werden. Eine **Einfassung der Beete**, beispielsweise mit Buchsbaum oder einer Lavendelhecke, ist recht arbeitsaufwändig, sieht aber schön aus und gibt dem Ganzen einen formalen Charakter. Beim Bearbeiten kann eine solche Einfassung jedoch hinderlich sein, vor allem wenn der Gemüsegarten

Sind einmal befestigte Beete angelegt, lassen sich dort nach Belieben Gemüse, Kräuter und Blumen kombinieren

wirklich als Nutzgarten angelegt werden soll.

Am zweckmäßigsten beginnt man beim Einteilen mit dem Beet, das in der Mitte der Gemüsefläche liegen soll. Vielleicht bleibt dann an einer oder an beiden Seiten ein schmales Randbeet, das von einer Seite zu bearbeiten ist. Der Plan eines mittelgroßen rechteckigen Gartens könnte demnach folgendermaßen aussehen: Ein Mittelweg teilt den Garten in zwei Längshälften; rechts und links von diesem Weg sind die Beete angeordnet. Anzahl und Länge der Beete richten sich dabei nach der Größe des Gartens. Gärten mit eher quadratischer Form können auch nach Art eines Bauerngartens mit einem Wegekreuz angelegt werden.

Leit- und Begleitkulturen – Vor- und Nachkulturen

Nicht jede Pflanzenart beansprucht ihren Platz auf dem Beet gleich lange. Nicht jede Kultur benötigt die gleiche Pflege. In der Mischkultur werden jedoch gerade ganz verschiedene Partner zusammengepflanzt. Um die Partner in einer Mischkulturengemeinschaft zu charakterisieren, sprechen Fachleute von Leit- und Begleitkulturen. Als Leitpflanze oder **Leitkultur** wird dabei die Hauptkulturpflanze bezeichnet, die den größten Raum-, Pflege- und Zeitbedarf einfordert. Der Partner wird als **Begleitkultur** bezeichnet, weil er die Leitpflanze jeweils nur für eine bestimmte Zeit auf dem Beet begleitet.

Mischkultur auf Beeten

Wenn für ein Beet eine Kombination von Spätkohl und Salat vorgesehen ist, so ist der Kohl die Leitpflanze, der Salat die Begleitpflanze. Sind Sellerie und früher Blumenkohl die Mischkulturenpartner, so ist Sellerie die Leitpflanze, weil er länger auf dem Beet bleibt als der Blumenkohl. Im Unterschied zum System mit A-, B- und C-Kulturen von GERTRUD FRANCK gibt es in dieser Einteilung nur die zwei Gruppen der Leitpflanzen und der Begleitpflanzen. Stehen die Pflanzpartner dabei nur sehr kurze Zeit mit der Hauptkultur zusammen, handelt es sich um „echte" **Begleitpflanzen**. Begleiten sie die Hauptkultur fast die gesamte Wachstumszeit über von der Aussaat bis zur Ernte, spricht man eher von **Mischkulturenpartnern**.

Pflanzen, die die eigentlichen Hauptkulturen gar nicht mehr unmittelbar begleiten, sondern entweder vorher schon geerntet sind oder erst als Folgekultur angepflanzt oder gesät werden, bezeichnet man als **Vor- oder Nachkulturen**. Ihnen ist gemeinsam, dass sie eine relativ kurze Entwicklungszeit haben und in der Regel unter Kurztagsbedingungen gedeihen, also im Frühjahr oder Herbst. Dagegen bilden sie im Sommer mit Tageslängen bis zu 16 Stunden keine zufriedenstellenden Köpfe, Rüben oder Blattrosetten aus, sondern gehen direkt in die Blüte über. Von einigen dieser typischen **Kurztagspflanzen** sind jedoch inzwischen Sorten gezüchtet worden, die auch im Sommer angebaut werden können (z. B. Salat, Radieschen). Will man diese Gewächse im Sommer anbauen, ist die richtige Sortenwahl wichtig.

Erprobte Kombinationen für ein Beet

Grundlage für die folgenden Kombinationen ist jeweils das normale Gartenbeet von 1,20 m Breite. Dabei ist den wichtigen Gartenkulturen jeweils ein eigener Abschnitt gewidmet. Darüber hinaus sind sie oft auch an anderer Stelle als Partner für Hauptkulturen beschrieben. Auch Gemüsearten, die keinen eigenen Abschnitt erhalten, sind als Partner in verschiedenen Kombinationen erwähnt.

Bohnen und ihre Partner

Buschbohnen – Salat – Kohlrabi
März: Im März, sobald der Boden abgetrocknet ist, wird in die Mitte des Beetes eine Reihe **Frühkohlrabi** gepflanzt. Die jungen Kohlrabipflanzen sind, wie jeder Gärtner weiß, bei Trockenheit von Erdflöhen bedroht. Deshalb sollten Sie rechts und links davon je eine Reihe **Pflücksalat**, dem etwas **Dill** beigemischt wird, jeweils 20 cm von den Kohlrabi entfernt säen. Bewährt hat sich der braune, schnell wachsende Eichblattsalat. Der Geruch der Salatblätter hält in weitem Umkreis die Erdflöhe von Kohlpflanzen ab. Auch **Radieschen** profitieren davon. Säen Sie sie in die gleiche Reihe mit dem Pflücksalat. So wachsen die Pflänzchen in dessen Schutz heran und können bei Bedarf herausgezogen werden. An den Rändern des Beetes, jeweils 20 cm vom Rand entfernt, kommt je eine Reihe **Spinat**.
Mai: Mitte Mai ist der Spinat geerntet, die Radieschen sind herausgezogen, vom herangewachsenen Pflücksalat

Erprobte Kombinationen für ein Beet

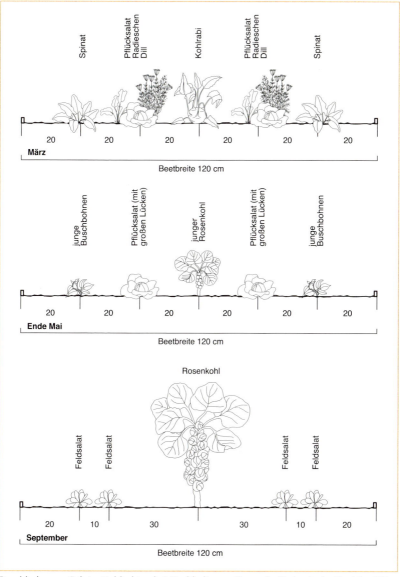

Buschbohnen – Salat – Kohlrabi nebst Nachkulturen: Querschnitt durch das Beet im März, Mai und September

Mischkultur auf Beeten

wird laufend geerntet und die frühen Kohlrabi sind fast erntereif. In die Reihen, in denen der Spinat stand, können Sie nun **Buschbohnen** in Horsten legen. Im Abstand von jeweils 25 bis 30 cm in der Reihe legt man fünf bis sechs Bohnensamen. Im zweiten Drittel des Mai wird zwischen die Kohlrabisetzlinge eine Spätkohlart (z. B. Rosenkohl, Rot- oder Weißkohl) im Abstand von 50 bis 60 cm in der Reihe gepflanzt. Wenn die Kohlsetzlinge herangewachsen sind und den Platz beanspruchen, sind die Kohlrabipflanzen geerntet. Auf diese Weise können Sie den zur Verfügung stehenden Platz so gut wie möglich ausnutzen. Der **Rosenkohl**, der schon im letzten Maidrittel zwischen die Kohlrabi gesetzt wird, gelangt vor Eintritt allzu kühler Herbstwitterung auch tatsächlich zur Röschenbildung.

Juni: Ab Anfang Juni haben auch der Pflücksalat und der Dill den Platz frei gemacht, so dass sich nun Buschbohnen und Rosenkohlpflanzen ausbreiten können.

August/September: Ende August sind die Buschbohnen geerntet und vom Beet abgeräumt. An ihren Platz werden nun je zwei Reihen **Feldsalat** im Reihenabstand von je 10 cm gesät. Ab September stehen also auf unserem Beet nur noch solche Pflanzen, die winterhart sind und bis zum jeweiligen Verzehr draußen bleiben können.

Bohnen – Frühkohl, vorher: Kopfsalat – Radieschen

März: Sobald es im März die Witterung erlaubt, werden in der Mitte des Beetes zwei Reihen vorgezogene **Kopfsalatpflanzen** gesetzt, jeweils 45 cm vom Rand entfernt. In der Reihe sind die Abstände 30 cm von Pflanze zu Pflanze. Genau zwischen die beiden Salatreihen können Sie noch eine Reihe **Radieschen** säen.

April: Mitte April pflanzt man je 20 cm von den Rändern entfernt zwei Reihen **Frühkohl** (Spitzkohl). Der Zwischenraum in der Reihe von Pflanze zu Pflanze beträgt ebenfalls 45 cm.

Mai: Mitte Mai sind die Radieschen geerntet, beim Kopfsalat hat die Ernte begonnen. Zwischen den noch vereinzelt stehenden Kopfsalatpflanzen legen Sie nun **Buschbohnen**, ebenfalls in Horsten zu je fünf bis sechs Samen im Abstand von 25 cm in der Reihe und in nur jeweils 15 cm Abstand zum Kopfsalat. Wenn die Bohnen den Platz benötigen, ist der restliche Kopfsalat geerntet.

Juni/Juli: Im Juni hat auch der Kopfsalat das Beet geräumt und Ende Juni/Anfang Juli wird der Frühkohl geerntet. An seine Stelle pflanzt man je eine Reihe **Endiviensalat** im Abstand von 25 cm in der Reihe.

August: Anfang August haben auch die Bohnen den Platz geräumt. An ihre Stelle können Sie nun noch **Grünkohl** setzen bis etwa zum 10. August. So stehen zu Beginn des Winters auf diesem Beet noch Endivien und Grünkohl. Endivie kann zwar leichte Fröste vertragen, leidet aber bei stärkerem länger anhaltendem Frost sehr. Deshalb sollten Sie die Pflanzen im November mitsamt Wurzeln aus der Erde nehmen, in eine Kiste eng nebeneinander stellen und an einem geschützten dunklen Platz bis zum jeweiligen Verzehr des schmackhaften Wintersalates lagern.

Erprobte Kombinationen für ein Beet

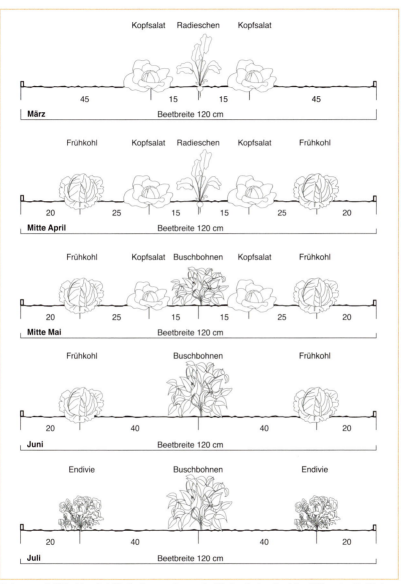

Bohnen – Frühkohl nebst Vorkulturen: Querschnitt durch das Beet im März, April, Mai, Juni und Juli

Mischkultur auf Beeten

> ### Busch- oder Stangenbohnen?
>
> Die angeführten Kombinationen lassen sich auch mit Stangenbohnen durchführen. Für den kleinen Garten ist aber das Aufstellen und Abräumen der Stangen sowie das Ernten per Leiter mit viel mehr Arbeit verbunden als beim Anbau von Buschbohnen. Der Ertrag von Stangenbohnen auf dem gleichen Platz ist jedoch oft dreimal, manchmal sogar vier- bis fünfmal so hoch wie bei den niedrigeren Buschbohnen.

Bohnen – Rote Bete

April: Erst Anfang April werden die Reste der winterlichen Gründüngung (für Bohnen und Rote Bete ist Senf sehr gut geeignet) beseitigt. Jeweils 50 cm von den Rändern entfernt wird nun eine Reihe **Rote Bete** gesät. Auf beiden Seiten markieren Sie 20 cm vom Rand entfernt eine Reihe für die im Mai zu säenden Bohnen. In ein Aussaatkästchen oder ins Frühbeet säen Sie, falls das noch nicht geschehen ist, Bohnenkraut aus, um es dann nach den Maifrösten zu den Buschbohnen zu pflanzen.

Mai: Anfang Mai legen Sie die **Buschbohnen**, wie in den vorherigen Beispielen beschrieben. Die aufgelaufenen Rote Bete werden auf 25 cm in der Reihe vereinzelt. Die weiten Abstände sind nötig, damit sich die Rüben gut entwickeln können. Dadurch wird der relativ enge Reihenabstand von nur 20 cm ausgeglichen. Pflanzen Sie nach den Maifrösten das vorgezogene, einjährige **Bohnenkraut** jeweils an die Ränder entlang den Bohnenreihen. Die Nachbarschaft des Bohnenkrautes wirkt sich positiv auf das Aroma der Bohnen aus, der Geruch hält außerdem Schwarze Läuse ab. Sind genügend Pflanzen vorhanden, kann man alle 10 bis 15 cm, bei weniger Pflanzen etwa alle 20 bis 30 cm eine Pflanze setzen.

August/September: Nach der Ernte von Bohnen und Bohnenkraut können Sie bis zum 10. August noch **Grünkohl** pflanzen. Der Abstand innerhalb der Reihe beträgt 35 cm. Im Laufe des August, spätestens im September sind auch die Roten Bete erntereif. Ihr Platz kann nun vom **Feldsalat** eingenommen werden, den Sie sogar noch im September säen können. Grünkohl und Feldsalat bleiben über den Winter auf dem Land und werden je nach Bedarf an frostfreien Tagen für die Küche geschnitten.

Stangenbohnen – Salat/Kohlrabi – Feldsalat

März/April: Bepflanzen Sie, sobald es die Witterung erlaubt, die Beetmitte mit vorgezogenen **Kopfsalat** und **Kohlrabipflanzen** im Wechsel mit Abständen von 30 cm in der Reihe. Der Salat soll dabei, wie schon erwähnt, den Kohlrabi vor Erdflohbefall schützen. Eine Aussaat von Kopfsalat und Kohlrabi Anfang März ist auch möglich, doch das spätere Vereinzeln ist recht arbeitsaufwändig; außerdem gehen dabei viele Jungpflanzen verloren. Kopfsalat muss genügend Platz und vor allem Licht haben, sonst speichert er zu viel Nitrat in Blättern und Strünken.

Erprobte Kombinationen für ein Beet

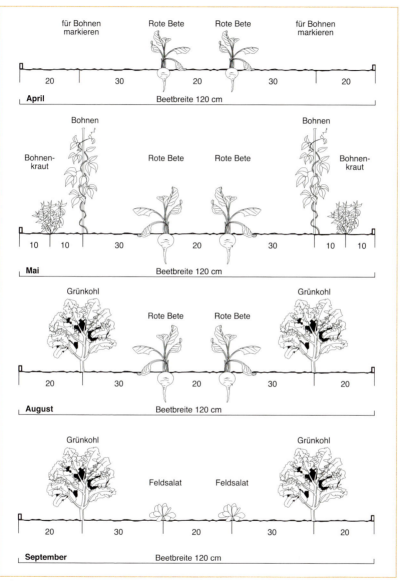

Bohnen – Rote Bete nebst Nachkulturen: Querschnitt durch das Beet im März, Mai, August und September

Im Schutz der Stangenbohnen gedeihen Rote Bete besonders gut. Hier schauen die ersten Blättter gerade aus dem Boden heraus.

Mai/Juni: Anfang Mai werden 20 cm von den Rändern entfernt **Bohnenstangen** in die Erde gesteckt und anschließend fest angetreten. Für den Mischkulturenanbau hat es sich bewährt, die Stangen **senkrecht** in die Erde zu stecken. So kann das Licht gleichmäßiger die Ranken erreichen als bei der Methode, mehrere Stangen schräg gegeneinander zu stellen und den First zu befestigen. Bevor die einzelnen Stangen in die Erde kommen, bohren Sie mit einer Eisenstange die Löcher vor, in die die angespitzten Stangen dann hineingedreht werden. Der Abstand von Stange zu Stange beträgt 1 m. Dabei stellt man die Stangen versetzt. Beginnt man auf der einen Seite 50 cm vom Rand entfernt, so auf der anderen Seite 1 m entfernt, damit die Stangen immer auf Lücke stehen. Um die Bohnenstangen herum wird im Umkreis von etwa 8 cm eine flache Rille gezogen, in die jeweils sechs bis acht Samen kommen, die man leicht mit Erde bedeckt. Zwischen die einzelnen Stangen pflanzen Sie noch vorgezogene **Studentenblumen** (*Tagetes*).

Mai/Juni: Kohlrabi und Kopfsalat sind bereits geerntet. Nun wachsen langsam die Bohnen an den Stangen herauf und werfen viel Schatten. Deshalb bleibt der Zwischenraum zwischen den Stangenbohnen vorerst frei.

August: Erst im August werden auf der Beetmitte zwei Reihen **Feldsalat** im Abstand von 10 cm gesät. Sind dann bis Mitte September die Stangenbohnen abgeerntet und entfernt, können Sie von den Rändern her bis 10 cm an den Feldsalat heran noch breitwürfig Senf säen.

Erbsen und ihre Partner

Erbsen – Mangold/Kohlrabi

März: Legen Sie im März jeweils 20 cm vom Rand entfernt eine Reihe frühe **Erbsen** (Palerbsen, denn diese sind besser für frühe Aussaat geeignet als die empfindlicheren Markerbsensorten). Der Abstand von Erbse zu Erbse beträgt 12 cm. Damit die jungen Erbsen später nicht auf dem Boden liegen, dient ein 50 cm hoher Maschendraht als Stütze. Die Mitte des Beetes bleibt frei.

April: Mitte April sind die Erbsen schon am Maschendraht hoch geklettert. Genau in der Mitte des Beetes pflanzen Sie nun abwechselnd **Mangold** und **Kohlrabi** im Abstand von 20 cm zueinander.

Erprobte Kombinationen für ein Beet

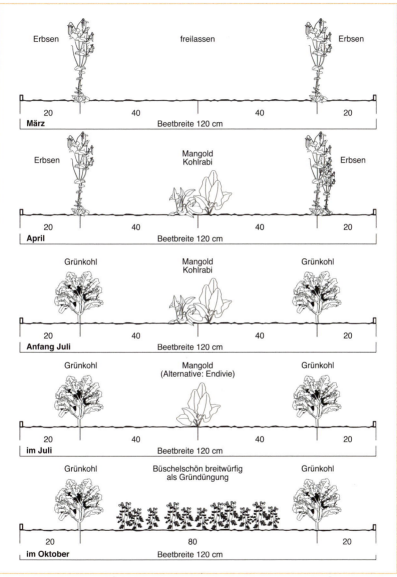

Erbsen – Mangold – Kohlrabi nebst Nachkulturen: Querschnitt durch das Beet im März, April, Juli und Oktober

Mischkultur auf Beeten

Juli: Nach der Erbsenernte Anfang Juli wird in die beiden Außenreihen **Grünkohl** oder **Chinakohl** gepflanzt, mit 35 cm Abstand in der Reihe.

Wenn auch der Kohlrabi geerntet ist, gibt es zwei Möglichkeiten, das Beet weiter zu bestellen:
– Sie räumen auch den Mangold nach einem letzten Schnitt vom Beet ab und pflanzen in die Mittelreihe **Endivien** im Abstand von 30 cm in der Reihe.
– Sie können den Mangold noch bis zum Oktober stehen lassen und danach zwischen den Grünkohlpflanzen **Büschelschön** (*Phacelia*) einsäen.

Der Grünkohl bleibt über den Winter auf dem Beet, der Endiviensalat verträgt leichte Fröste und kann bis in den November hinein auf dem Land bleiben. Muss er abgeräumt werden, ist es für eine Nachkultur zu spät. Das Beet wird zwischen den Grünkohlpflanzen mit angerottetem Kompost abgedeckt.

Erbsen – Frühmöhren

März: In der ersten Märzhälfte wird das Beet bestellt mit einer Reihe **Erbsen** in der Beetmitte und zwei Reihen **frühen Möhren**, jeweils 20 cm von den Rändern entfernt. Damit die Möhren nicht von der Möhrenfliege befallen werden – denn bei dieser Kombination werden sie nicht durch ihren Mischkulturenpartner geschützt – streut man etwas getrockneten **Rainfarn** (*Tanacetum vulgare*) an die Pflanzen, sobald sie etwa handhoch sind. Zwischen die Möhren können Sie **Radieschen** als Markiersaat einstreuen, die herausgezogen sind, sobald die Möhren den Platz für die Entwicklung der Rüben benötigen. Für die Erbsen wird wieder ein Maschendraht gespannt.

Juni: Nach der Erbsenernte im Juni können Sie später in die selbe Reihe **Rotkohl** pflanzen mit Zwischenräumen von 40 cm. Inzwischen sind die Möhren auch schon herangewachsen, die Radieschen sind geerntet.

September: Sind dann auch die Möhren geerntet, so säen Sie an deren Platz je eine Reihe runden **Schwarzen Winterrettich**. Sobald die Saat aufgegangen und die Reihen gut sichtbar sind, sollten Sie auf 15 bis 20 cm Abstand in der Reihe vereinzeln. Auch die Rettiche werden durch getrockneten Rainfarn, den man an die jungen Pflanzen streut, vor der Rettichfliege geschützt.

Oktober/November: Räumen Sie das Beet nun ab. Die gelockerte Erde können Sie mit Stroh oder angerottetem Kompost bedecken.

Erbsen/Dicke Bohnen – Kohlrabi/Salat

März: Da **Erbsen** und **Dicke Bohnen** ausgezeichnete Nachbarn sind, sollten Sie die beiden Hülsenfrüchte innerhalb der Reihe abwechseln. Beide können Sie schon Anfang März in die Mitte des Beetes säen. Von Erbse zu Bohne sollte ein Abstand von 25 cm sein. Man legt daher alle 30 cm drei bis vier Samen Dicke Bohnen und dazwischen drei bis fünf Samen Erbsen, so dass der Abstand zum nächsten Horst etwa 15 cm beträgt. Meist ist bei dieser Kombination kein Maschendraht nötig. Die Dicken Bohnen dienen hier als Stützen für die Erbsen.

April: Nun werden dann auf der einen Seite, 20 cm vom Rand entfernt, abwechselnd **Kopfsalat** und **Kohlrabi** gepflanzt, im Abstand von 30 cm zueinander. Auf der anderen Seite säen Sie, ebenfalls 20 cm vom Rand entfernt, **Spätmöhren** mit **Salat** gemischt.

Erprobte Kombinationen für ein Beet

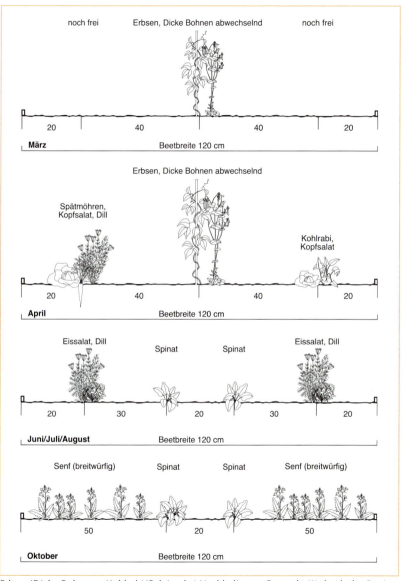

Erbsen/Dicke Bohnen – Kohlrabi/Salat nebst Nachkulturen: Querschnitt durch das Beet im März, April, Juni bis August und Oktober

Mischkultur auf Beeten

Das Mischungsverhältnis soll vier Teile Möhrensamen und ein Teil Salatsamen betragen (siehe Kasten Seite 40). Es empfiehlt sich, dieser Mischung noch eine kleine Menge **Dillsamen** beizufügen, da dieser bei Möhren das Keimen begünstigt.

Mai: Den Salat können Sie ab Ende Mai ernten. Er räumt seinen Platz also, bevor die Spätmöhren einen größeren Raumbedarf anmelden. Die Erbsen und Dicken Bohnen werden von der Blütezeit an ebenfalls durch die Möhren gefördert. Sie selbst schonen den Stickstoffvorrat des Bodens, ja können ihn sogar noch vermehren durch die Arbeit der **Knöllchenbakterien** an ihren Wurzeln.

Juni/Juli/August: Ende Juni, nach der Ernte von Erbsen, Dicken Bohnen, Salat und Kohlrabi müssen Sie das Beet neu bestellen. Jeweils 20 cm von den Rändern entfernt kommt eine Reihe **Eissalat** mit 30 cm Abstand von Pflanze zu Pflanze. Dazwischen säen Sie wieder etwas **Dill**, der auch für die Salatpflanzen ein guter Partner ist und für die Küche stets frisch gebraucht wird. In die Mitte des Beetes werden Anfang August zwei Reihen **Herbstspinat** gesät, der noch im September/Oktober geschnitten werden kann, dann aber über Winter mit einer leichten Abdeckung auf dem Beet bleibt.

September/Oktober: Die Eissalaternte beginnt ab Mitte September. Ende Oktober, wenn er ganz abgeräumt ist, wird rechts und links vom Spinat breitwürfig **Senf** als Gründüngung ausgesät. Senf friert bei einigen Frostgraden ab, schützt aber im abgefrorenen Zustand ebenfalls den Boden. Werden im Frühjahr die Reste abgerecht, hinterlässt er ein lockeres Erdreich.

Erbsen – Spinat/Radieschen

März: Im März legen Sie jeweils 20 cm von den Rändern entfernt zwei Reihen frühe **Erbsen** (Palerbsen) wie bereits beschrieben. Jeweils 30 cm von den Erbsenreihen entfernt wird eine Reihe **Spinat** ausgesät und zwischen die beiden Reihen kommt noch eine Reihe **Radieschen**. Radieschen bleiben ja nicht nur zwischen Salat vor Erdflöhen geschützt, sondern auch zwischen Spinat. Wenn Spinat und Radieschen geerntet sind, bleibt die Mitte zwischen den Erbsenreihen frei als Trittweg zum Erbsenpflücken. Sind auch die Erbsen geerntet und abgeräumt, kann man wie schon beschrieben noch Grünkohl und Endivien pflanzen.

Pflanzabstand	Erbsen – Spinat/Radieschen
20 cm	Erbsen
30 cm	Spinat
10 cm	Radieschen
10 cm	Spinat
30 cm	Erbsen
20 cm	

Gurken und ihre Partner

Gurken – Steckzwiebeln – Salat/Kohlrabi

April: Anfang April setzen Sie jeweils 15 cm von den Rändern entfernt eine Reihe **Steckzwiebeln**. Der Zwischenraum in der Reihe beträgt ebenfalls 15 cm. Bis zum 15. April folgt dann – jeweils 20 cm von den Zwiebeln entfernt – eine Reihe **Kohlrabi** abwechselnd mit Kopfsalat. Weil der Reihenabstand verhältnismäßig gering ist,

Erprobte Kombinationen für ein Beet

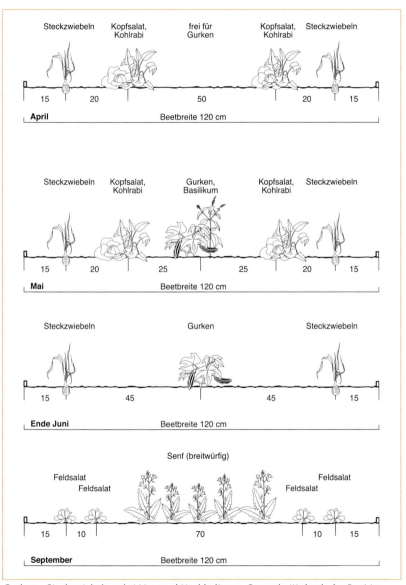

Gurken – Steckzwiebeln nebst Vor- und Nachkulturen: Querschnitt durch das Beet im April, Mai, Juni und September

Einlegegurken schmecken am besten, wenn sie bei der Ernte etwa 12 cm lang sind

Mai: Am besten legt man zwischen dem 10. und 15. Mai alle 40 cm zwei bis drei Körner **Gurkensaat** aus, damit an jeder Stelle auf jeden Fall eine Pflanze aufgeht. Später lässt man dann nur die jeweils bestentwickelte Jungpflanze stehen. In der ersten Zeit wächst die Gurke sehr langsam. Deshalb müssen Sie öfter hacken und den Boden unkrautfrei halten. Nach den Maifrösten können Sie vorgezogenes **Basilikum** rechts und links neben die Gurken setzen, etwa 10 cm von der Gurkenreihe entfernt. Hat man genügend Basilikumpflanzen, so setzt man das Kraut jeweils in die Zwischenräume zu den Gurkensetzlingen, also auch jeweils alle 40 cm. So können die Gurken später um das Kraut herumranken und werden vor Mehltau geschützt. Sind weniger Pflanzen vorhanden, so wählt man Abstände von 60 oder 80 cm innerhalb der Basilikumreihen.

Juni: Ende Juni sind Salat und Kopfsalat abgeerntet. Die Gurkenranken können sich zwischen den beiden Zwiebelreihen ausbreiten.

August/September: Wenn Ende August bis Anfang September Gurken und Zwiebeln geerntet sind, können Sie an den Rändern noch je zwei Reihen Feldsalat säen, dazwischen kommt breitwürfig Senf als Gründüngung, der auch das Beet über Winter schützt.

setzen Sie die Pflanzen in der Reihe am besten 35 cm auseinander. Inzwischen legen Sie in der Mitte des Beetes einen Wall aus Mistkompost an. Wer die Möglichkeit hat, die Gurkenpflanzen in kleinen Erdtöpfen vorzuziehen, sollte dies tun, denn um so schneller blühen und fruchten sie. Wer sich die Mühe des Vorziehens sparen will, kann aber auch gleich in den Wall aus Mistkompost säen.

Bodenständig oder hoch hinaus?

In kleinen Gärten und auf Beeten pflanzt man die Gurke am besten so an, dass sie auf dem Boden rankt. Will man sie an Stäben oder am Spalier hochziehen, so geht man damit besser auf ein Beet an der Südseite einer Hauswand.

Gurken – Stangenbohnen

Stangenbohnen sind Windschutz im Garten. In ihrem Schutz gedeihen Gurken sehr gut, die warme, wassergesättigte Luft bevorzugen. Ideal wäre es allerdings, wenn zwei Bohnenreihen 2 m auseinander stehen könnten, damit die Gurken genügend Platz zum

Erprobte Kombinationen für ein Beet

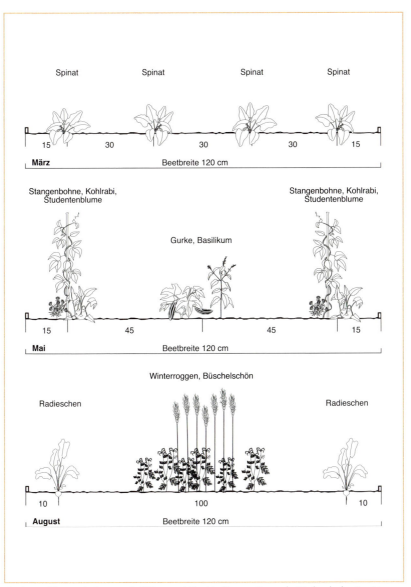

Gurken – Stangenbohnen nebst Vor- und Nachkulturen: Querschnitt durch das Beet im März, Mai und August

Mischkultur auf Beeten

Ranken und genügend Licht haben. Doch diese Kombination geht auch auf einem Beet von 1,20 m Breite.

März: Säen Sie in das Beet im März zunächst vier Reihen **Spinat** im Abstand von 30 cm ein. Die Randreihen sind 15 cm breit.

Mai: Ist Anfang Mai der Spinat abgeerntet, werden jeweils 15 cm vom Rand entfernt Bohnenstangen gesteckt, im Abstand von je 1 m in der Reihe. Dabei versetzt man die Stangen zueinander: Beginnt man auf der einen Seite 50 cm vom Querrand entfernt, so auf der anderen Seite nach 1 m, damit die Stangen immer auf Lücke stehen. In der Mitte des Beetes legen Sie einen Wall aus Kompost an, auf den dann die **Gurken** gepflanzt oder gesät werden. Auch **Basilikum** erhalten die Gurken wieder als Schutz. Das Kraut nimmt ja so gut wie keinen Platz weg, die Gurken ranken einfach darum herum. Um die Bohnenstangen wird im Umkreis von etwa 8 cm eine flache Rille gezogen, in die Sie jeweils sechs bis acht Samen legen, die dann leicht mit Erde bedeckt werden. Zwischen die einzelnen Stangen pflanzen Sie abwechselnd **Kohlrabi** und **Studentenblumen** (*Tagetes*).

> ### Salat gegen Fliege
> Die Kombination Salat und Möhren ist deshalb zu empfehlen, weil Versuche ergaben, dass das Kopfsalatwachstum durch das von den Möhrenwurzeln ausströmende Gas gefördert wird. Oberirdisch kann der Kopfsalat durch seinen Geruch mit dazu beitragen, die Möhrenfliege abzuhalten.

Juli/August: Im Juli können Sie nach und nach die Kohlrabi ernten. Im Schutz der Stangenbohnen bleiben sie schön zart und platzen auch nach starken Regenfällen nicht so leicht, da die Bohnenwurzeln das überschüssige Regenwasser schnell aufnehmen. Die Gurken- und Bohnenernte beginnt ungefähr zur gleichen Zeit. Beide Kulturen müssen Sie alle zwei bis drei Tage durchpflücken. Sind die Beete abgeräumt, können Sie als Nachkultur und Gründüngung eine Mischung aus **Winterroggen** und **Büschelschön** (*Phacelia*) breitwürfig aussäen. Jeweils 10 cm von den Rändern entfernt lassen sich auch noch **Herbstradieschen** ziehen, die bis zum Wintereinbruch schöne Knollen bilden.

Gurken – Salat – Erbsen

Auch im Schutz der Erbsen gedeihen Gurken sehr gut. Dabei geht man folgendermaßen vor:

April: Legen Sie im April jeweils 15 cm von den Beeträndern entfernt eine Reihe **Erbsen**. Ein 50 cm hoher Maschendraht, an den Reihen entlang gespannt, dient dabei als Stützvorrichtung. 25 cm von den Erbsen entfernt pflanzen Sie frühen **Kopfsalat** mit Zwischenräumen von 25 cm zueinander, der den Platz während des langsamen Anfangswachstums der **Gurken** ausnutzen kann. In der Mitte des Beetes wird wieder ein Wall aus Mistkompost für die Gurkenreihe angelegt.

Juni: Wenn die Gurken im Juni zu ranken beginnen, ist der Kopfsalat ernteeif, vielleicht hat er den Platz auch schon geräumt. Selbstverständlich können Sie zwischen die Gurken noch **Basilikum** pflanzen und zwi-

Erprobte Kombinationen für ein Beet

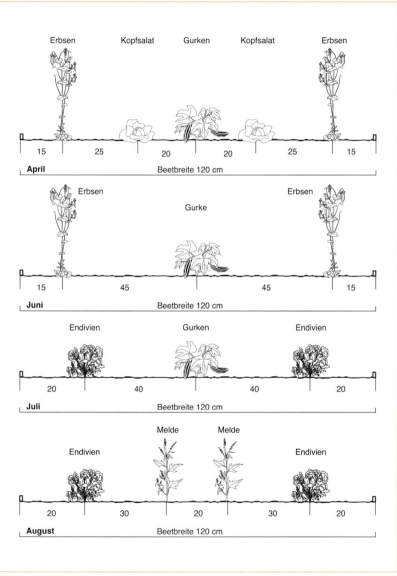

Gurken – Salat – Erbsen nebst Nachkulturen: Querschnitt durch das Beet im April, Juni, Juli und August

Mischkultur auf Beeten

schen Kopfsalat und Erbsen **Dill** aussäen.

Juli: Die Erbsen werden zuerst abgeerntet sein und räumen das Beet. An ihre Stelle kommt nun **Endiviensalat** im Abstand von 40 cm. Man setzt ihn jedoch besser 20 cm von den Rändern entfernt. Möglicherweise ranken die Gurken in der Hauptwachstumszeit in die Zwischenräume des Endiviensalats hinein, was für beide Partner von Vorteil ist.

August: Im Juli und August ist Erntezeit für die Gurken. Nachdem sie das Beet geräumt haben, können Sie zwischen die Endivien noch zwei Reihen **Gartenmelde** säen. Die mit dem Spinat verwandte Gartenmelde dient sowohl als Gründüngung als auch als Nahrungspflanze. Bis Ende Oktober liefert sie noch einige Mahlzeiten, dann können die Reste als Gründüngung und Bodenbedeckung über Winter auf dem Beet bleiben.

Kohlarten und ihre Partner

Früher Blumenkohl – Sellerie

Dass Blumenkohl und Sellerie eine ausgezeichnete Kombination abgeben, wurde schon auf Seite 8 beschrieben. Blumenkohl kann Anfang April gepflanzt werden, Sellerie ab Mitte Mai. Auf einem gut mit Kompost versorgten Beet können drei Reihen dieser Kombination stehen.

Variante 1) Zwei Reihen Blumenkohl – eine Reihe Sellerie

In vielen Haushalten benötigt man mehr Blumenkohl als Sellerie, zumal Sie Sellerie auch noch zwischen andere Kohlarten setzen können. Deshalb wird in diesem Beispiel nur die Mittelreihe des Beetes für Sellerie reserviert.

März: Im März säen Sie in der Mitte des Beetes zunächst zwei Reihen **Spinat** im Abstand von 20 cm aus, jeweils 50 cm vom Rand entfernt. Außerdem pflanzen Sie jeweils 15 cm vom Rand entfernt vorgezogenen **frühen Kopfsalat** im Abstand von 60 cm in der Reihe.

April: Im April setzen Sie dann zwischen diese Abstände die **Blumenkohlpflanzen**, die am Anfang noch recht langsam wachsen. Der schnell wachsende Kopfsalat bedeckt den Boden, solange der Blumenkohl noch klein ist. Außerdem schützen die Salatpflanzen den Kohl auch vor Erdflohbefall.

Mai: Genau zwischen den im März gesäten Spinat werden dann im Mai die **Selleriepflänzchen** gesetzt. Der Spinat gibt den jungen Pflanzen noch Schatten und bedeckt den Boden; sobald er zu schießen beginnt, wird er ausgehackt und bleibt zwischen den Reihen liegen. Wenn der Blumenkohl sich ausbreitet, sind auch die Salatköpfe geerntet, die Kohlpflanzen stehen nun in Abständen von 60 cm auseinander.

Passende Partner

Blumenkohl soll tief stehen, Sellerie dagegen flach, so dass der obere Teil der Knolle aus dem Boden herausschaut. Wenn der Blumenkohl angehäufelt wird, nimmt man daher die Erde von der unmittelbaren Umgebung des Sellerie fort, damit auch nach Regenfällen die Knollen nicht wieder zugeschwemmt werden.

Juni/Juli: Wenn der Blumenkohl Ende Juni/Anfang Juli geerntet wird, kommt auf seinen Platz noch **Knollenfenchel**, nachdem die Reihen von Unkraut gesäubert und nochmals mit Kompost versorgt wurden. Die Fenchelpflanzen benötigen allerdings nur Abstände von 40 cm zueinander (siehe Abbildung Seite 44). Der Sellerie steht bis zum Herbst auf dem Land. Nach der Ernte von Fenchel und Sellerie ist meist nur noch eine **Einsaat von Senf** möglich, für andere Gründüngungspflanzen ist es zu spät.

Rotkohl und Sellerie sind ideale Partner. Sellerie hält vom Kohl die Schädlinge fern und wird dafür im Wachstum gefördert

Variante 2) Blumenkohl (oder mittelfrüher Kopfkohl) – Sellerie, in der Reihe wechselnd

Etwas arbeitsaufwändiger, aber für kleine Gärten durchaus praktikabel ist der Wechsel der beiden Kulturen innerhalb einer Reihe:

März: Im März werden zunächst fünf Reihen **Spinat** im Abstand von nur je 20 cm gesät. Der Spinat ist hier die Vorkultur für den später zu pflanzenden Blumenkohl und Sellerie.

April/Mai: Ende April bis Anfang Mai müssen Sie die erste, dritte und fünfte Spinatreihe aushacken. Die Pflanzen bleiben einfach auf dem Boden liegen und werden etwas zur Seite gezogen. In diese Reihen pflanzen Sie nun **Blumenkohl** im Abstand von jeweils 100 cm in der Reihe. Etwa zwei Wochen später, also in der zweiten Maihälfte, kommt in die Zwischenräume **Knollensellerie**, so dass sich in diesen beiden Reihen alle 50 cm Blumenkohl mit Sellerie abwechselt. Der Abstand von Reihe zu Reihe beträgt 40 cm, da Sie in jede zweite Spinatreihe gepflanzt haben. Kohl und auch Sellerie sind im Laufe ihres Wachstums für gelegentliche Dunggüsse mit verdünnter Brennnesseljauche (Verhältnis 1:20, siehe Seite 104f.) dankbar.

Wer nicht so viel Blumenkohl benötigt, kann selbstverständlich auch an dessen Stelle einen mittelfrühen **Kopfkohl** (Weißkohl, Rotkohl oder Wirsing) setzen. Erfahrungsgemäß kommen Weißkohl und Rotkohl auch recht gut ohne den Schutz des Sellerie aus, doch der empfindlichere Wirsing ist recht dankbar für seine Nachbarschaft. Ende Mai werden auch die beiden noch stehenden Spinatreihen ausgehackt und bleiben als Bodenbedeckung zwischen den Kohlpflanzen liegen. Sobald die Blumenkohl- oder Kopfkohlpflanzen abgeerntet sind, können Sie an deren Stelle zwischen den Sellerie noch **Endivie** oder **Zuckerhut** setzen. Anschließend säen Sie in das Beet wie im vorigen Beispiel für den Winter **Senf** ein.

Frühkartoffeln – Dauerkohl, danach Endivie/Knollenfenchel – Dauerkohl

April: Frühkartoffeln sollten Anfang April gelegt werden. Stichtag ist etwa der 5. April. Legen Sie zwei Reihen

Mischkultur auf Beeten

Frühkartoffeln jeweils 20 cm vom Rand entfernt und mit einem Zwischenraum von 80 cm zwischen den beiden Reihen. Die Abstände von Pflanze zu Pflanze betragen 40 bis 45 cm.

Mai: Auf die Beetmitte, also zu beiden Seiten 40 cm von den Kartoffeln entfernt, werden Anfang Mai **Dauerkohlpflanzen** im Abstand von 50 cm zueinander gesetzt. Bewährt haben sich hierfür die Marner und Ditmarschener Sorten. Auch die neueren Hybridsorten gedeihen gut in Mischkultur mit Kartoffeln, sind jedoch erheblich teurer.

Juni: Wenn im Juni die Frühkartoffeln geerntet sind, hinterlassen sie ein lockeres, gut vorbereitetes Beet für eine Nachkultur. Geeignet dafür ist **Endivie, Zuckerhut** (eine spitz zulaufende Endivienart) oder **Knollenfenchel**. Im kleinen Garten pflanzt man für eine größere Vielfalt bei geringem Platzaufwand auf eine Seite des Dauerkohls Endiviensalat im Abstand von 40 cm in der Reihe, auf die andere Seite Knollenfenchel mit Zwischenräumen von 30 cm. Wer seinen Garten schon lange Jahre mit Kompost versorgt und mit der gefürchteten Krankheit **Kohlhernie** noch keine Bekanntschaft gemacht hat, kann sogar **Grünkohl** oder **Chinakohl** neben den Dauerkohl setzen, beide mit Abständen von 35 cm innerhalb der Reihen.

Oktober/November: Während der Dauerkohl noch im Oktober bis

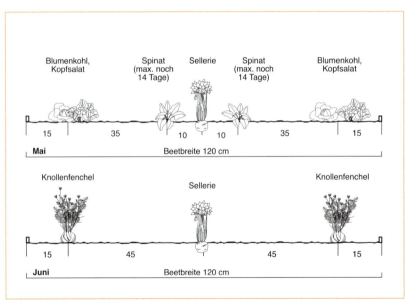

Früher Blumenkohl – Sellerie nebst Vor- und Nachkultur: Querschnitt durch das Beet im März und Juni

Erprobte Kombinationen für ein Beet

November geerntet wird, bleibt der Grünkohl bis zum jeweiligen Gebrauch auf dem Beet. Die freien Flächen können Sie mit angerottetem Kompost bedecken.

Chinakohl – Feldsalat, vorher: Erbsen – Spinat

März: Im März legt man jeweils 20 cm von den Rändern entfernt zwei Reihen frühe **Erbsen** (Palerbsen) wie bereits beschrieben. Jeweils 30 cm von den Erbsenreihen entfernt wird eine Reihe **Spinat** ausgesät, und zwischen den beiden Reihen kann noch eine Reihe **Radieschen** mit aufwachsen, damit der Platz auch gut ausgenutzt ist. Wenn Spinat und Radieschen geerntet sind, bleibt die Mitte zwischen den Erbsenreihen als Trittweg zum Erbsenpflücken frei.

Sind auch die Erbsen geerntet und abgeräumt, können Sie das Beet säubern, mit Kompost versorgen und mit drei Reihen **Chinakohl** bepflanzen. Die äußeren Reihen werden 20 cm vom Rand entfernt angelegt, der Abstand zur nächsten Chinakohlreihe beträgt je 40 cm. Innerhalb der Reihe lässt man Zwischenräume von 35 cm von Pflanze zu Pflanze.

August: An die Ränder und dazwischen wird Ende August breitwürfig **Feldsalat** gesät, der wie ein Teppich zwischen den Kohlpflanzen den Boden bedeckt und beschattet, außerdem als Gründüngungspflanze den Boden verbessert und regeneriert, sofern man

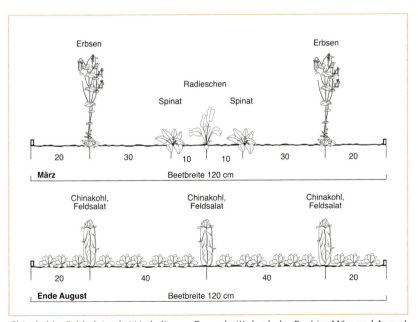

Chinakohl – Feldsalat nebst Vorkulturen: Querschnitt durch das Beet im März und August

Mischkultur auf Beeten

nicht alles verwerten kann. Natürlich können Sie den Feldsalat auch in Reihen mit Abständen von 10 bis 12 cm säen. Dadurch wird das Schneiden erheblich erleichtert. Die Abstände zu den Chinakohlreihen müssten dann allerdings 30 cm betragen.

Oktober/November: Wenn der Chinakohl im Oktober bis November geerntet wird, bleibt der Feldsalat noch weiter auf dem Land und schützt über Winter den Boden. An milden Tagen wächst er weiter und je nach Witterung kann man mitten im Winter frischen Feldsalat für den Tisch schneiden.

Dauerkohl/Sellerie – Sonnenblumen, vorher: Salat – Radieschen

März: Sobald es die Witterung erlaubt, werden in der Mitte des Beetes zwei Reihen vorgezogene **Kopfsalatpflanzen** gesetzt, jeweils 45 cm vom Rand entfernt. In der Reihe betragen die Abstände 30 cm von Pflanze zu Pflanze. Genau zwischen die beiden Salatreihen können Sie noch eine Reihe **Radieschen** säen.

April: Ende April pflanzen Sie je 25 cm von den Rändern entfernt zwei Reihen **Dauerkohl** (eine Reihe **Rotkohl** und eine Reihe **Weißkohl**). Der Zwischenraum ist noch mit Salat und Radieschen ausgefüllt, die aber schon Lücken aufweisen und weiter geerntet werden. In der Reihe beträgt der Abstand der Kohlpflanzen 1 m, damit man Anfang Mai jeweils eine **Selleriepflanze** dazwischen setzen kann.

Mai: Mitte Mai sind die Radieschen geerntet, beim Kopfsalat hat die Ernte begonnen. In die Radieschenreihe pflanzen Sie nach dem nochmaligen

> **In guter Gesellschaft**
> Ein Beet mit Kohlgemüse und Sonnenblumen ist ab August ein wahrer Blickfang. Außerdem gedeihen die Kohlpflanzen in der Sonnenblumengesellschaft ausgesprochen gut. Wer die Samen der Sonnenblumen selbst ernten will, muß die reifenden Blütenkörbe mit Vogelnetzen schützen.

Einarbeiten von reifem Kompost nun vorgezogene **Sonnenblumen** im Abstand von 60 cm in der Reihe. Verwenden Sie dafür eine Sorte, die sich nur wenig verzweigt, damit die Kohlpflanzen später nicht in Bedrängnis kommen, beispielsweise 'Goldener Neger' oder 'Sole Mio' (siehe Abbildung Seite 47).

Nach dem Abräumen des Beetes im späten Herbst erhält das Beet eine Bodenbedeckung aus teilverrottetem Kompost als Winterschutz.

Kohlarten mit wechselnden Partnern

März: Säen Sie möglichst früh im März in die Mitte eines Beetes niedrig wachsende frühe **Erbsen**. Jeweils 15 cm von den Beeträndern entfernt pflanzen Sie dann **Kohlrabi** im Wechsel mit **Kopfsalat**, jeweils im Abstand von 25 cm in der Reihe.

April: Im April kommen rechts und links neben die Erbsen, jeweils 35 cm von ihnen entfernt, **Blumenkohlpflänzchen** mit jeweils 50 cm Zwischenraum, die jetzt noch mit dem geringen Abstand zu Salat und Kohlrabi auskommen.

Juni: Mitte des Monats sind dann Kopfsalat und Kohlrabi geerntet. An

Erprobte Kombinationen für ein Beet

ihre Stelle säen Sie nun **Buschbohnen** aus, entweder als gleichmäßige Reihe, indem alle 10 bis 12 cm ein Bohnenkorn ausgelegt wird, oder in Horsten. Dabei kommen im Abstand von jeweils 25 bis 30 cm in der Reihe fünf bis sechs Bohnensamen in den Boden.

Bei ersterer Aussaatweise besteht die Gefahr, daß größere Lücken entstehen, wenn einige der ausgelegten Samenkörner nicht aufgehen. Bei der Horstsaat gehen an jedem Platz wenigstens zwei Samen auf. Im Schatten des Blumenkohls keimen die Boh-

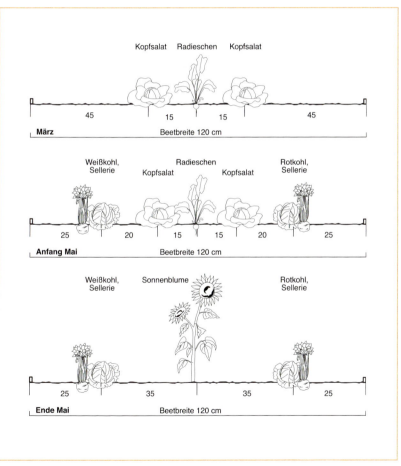

Dauerkohl/Sellerie – Sonnenblumen nebst Vorkulturen: Querschnitt durch das Beet im März und Mai

Mischkultur auf Beeten

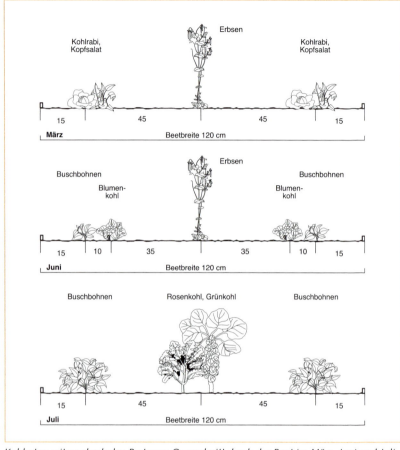

Kohlarten mit wechselnden Partnern: Querschnitt durch das Beet im März, Juni und Juli

nen jedoch erfahrungsgemäß sehr gut.
Juli: Nun, wo die jungen Bohnenpflanzen mehr Licht brauchen, wird der Blumenkohl geerntet. Auch die Erbsen sind mittlerweile abgeerntet und räumen das Beet. An ihren Platz in der Beetmitte können Sie nun noch **Rosenkohl** im Wechsel mit **Grünkohl** im Abstand von 50 cm in der Reihe pflanzen.

August/September: Wenn Ende August bis Anfang September auch die Buschbohnen abgeräumt sind, sät man an die Ränder nochmals je drei Reihen **Feldsalat** für die Winter- und Frühjahrsernte.

Erprobte Kombinationen für ein Beet

Möhren-Lauch- und Möhren-Zwiebel-Kombinationen

Frühmöhren – Lauch in Mischsaat

März: Sobald es Witterung und Bodenverhältnisse erlauben, werden im März auf dem Beet vier Saatreihen gezogen, in Abständen von jeweils 15 cm vom Rand entfernt und 30 cm von Reihe zu Reihe. Anschließend wird **Frühmöhrensamen**, am besten von Sorten mit kurzem Laub, mit **Lauch- bzw. Porreesamen** gut gemischt im Verhältnis 3 : 2 (3 Teile Möhrensamen, 2 Teile Lauchsamen). Bewährt haben sich dafür die Sorten 'Gonsenheimer Treib' und 'Pariser Markt' (Karotte).

Das Samengemisch wird per Hand oder mit einer Saatdose gleichmäßig und nicht zu dicht ausgesät. Besonders in Gegenden, in denen die **Lauchmotte** stark verbreitet ist, lohnt sich dieser Aufwand. Denn die gleichzeitig mit ausgesäten Möhren schützen weit besser vor einem Befall als der Anbau in Reihen (eine Reihe Möhren/eine Reihe Lauch etc.). Dazu kommt noch der wachstumsfördernde Einfluss, den die von der wachsenden Möhrenwurzel ausgehenden Gase auf den Lauch ausüben.

Sowohl die Möhre als auch der Lauch haben eine recht langsame Anfangsentwicklung. In dieser Zeit können in den Zwischenräumen noch schnell wachsende **Radieschen** heranreifen. **Mai:** Bis Mitte Mai haben die Radieschen den Platz geräumt. Die Frühmöhren beanspruchen das Beet bis Mitte Juli. Die Ernte der Möhren zwischen den Lauchpflanzen ist nicht ganz einfach und verlangt Fingerspitzengefühl, um den Lauch nicht unnötig zu lockern. Auf leichten Böden und wenn dazu der Boden feucht genug ist, lassen sich die Möhren jedoch leicht herausziehen, ohne den benachbarten Lauchpflanzen zu schaden.

Nach der Möhrenernte erst macht sich der größere Raumbedarf des Lauchs bemerkbar. Er nimmt das Beet jetzt komplett für sich in Anspruch. Noch kann man ausgleichen, wo er zu dicht steht und in größeren Lücken die anderswo herausgenommenen Pflanzen unterbringen. Als Richtmaß gilt dabei ein Abstand von 10 bis 12 cm. Gleichzeitig bekommt der Lauch nun noch eine Düngung mit verdünnter Brennnesseljauche (siehe Seite 104f.) und wird angehäufelt, damit schöne, lange weiße Lauchstangen gebildet werden. Gegebenenfalls muss das Anhäufeln wiederholt werden.

Nach der Laucherernte ist es zu spät für eine weitere Einsaat auf diesem Beet. Es bekommt eine Abdeckung mit Kompost und eignet sich hervorragend für ein Beet, das im nächsten Jahr wieder Möhren tragen soll.

Frühmöhren – Lauch im Reihenwechsel

Auf schweren Böden lässt sich der Anbau in Mischsaat wegen der erschwerten Ernte nicht leicht durchführen. Hier ist die Methode des Reihenwechsels eine gute Alternative: **März:** Im März werden zuerst die Möhren gesät. Mischen Sie nun dem **Möhrensaatgut** etwas **Dillsamen als Auflaufhilfe** bei und etwas **Radieschensamen als Markiersaat**. 20 cm vom Beetrand entfernt wird die erste Möhrenreihe angelegt, 60 cm davon entfernt die zweite. In die Saatrillen

Mischkultur auf Beeten

Frühmöhren – Lauch im Reihenwechsel (Bsp. 1)
Pflanzabstand:
- 20 cm
- 15 cm — Möhren/Radieschen/Dill
- 15 cm — Spinat
- 15 cm — Lauch
- 15 cm — Spinat
- 20 cm — Möhren/Radieschen/Dill
- 20 cm — Lauch

Frühmöhren – Lauch im Reihenwechsel (Bsp. 2)
Pflanzabstand:
- 20 cm
- 30 cm — Eissalat
- 25 cm — Lauch
- 25 cm — Knollenfenchel
- 20 cm — Lauch

streuen Sie dünn etwas getrockneten und zerriebenen **Rainfarn** (*Tanacetum vulgare*) und **Wurmfarn** (*Dryopteris filix-mas*), um durch den Duft noch zusätzlich die **Möhrenfliege** abzuhalten. Sobald die Möhrenpflanzen handhoch sind, wird an den Reihen entlang nochmals das Gemisch von Wurm- und Rainfarn ausgestreut. Den **Lauch** kann man ebenfalls jetzt im März aussäen, einmal 30 cm von der Möhren-Radieschen-Dillsaat entfernt und nochmals mit jeweils 20 cm vom anderen Beetrand ausgehend. Da die Radieschen nun zwischen die Möhren eingestreut sind, säen Sie zwischen die vorderen Möhren- und Lauchreihen **Spinat** (siehe Pflanzschema Bsp. 1).
April: Als Variante dazu kann man die Lauchreihen zunächst markieren, den Lauch vorziehen und Mitte April pflanzen. Je nachdem, wie früh man mit der Vorzucht beginnen kann, haben Sie dann zur Pflanzzeit schon starke Setzlinge, die den erst gerade aufgegangenen Sämlingen überlegen sind. Wenn die Möhren mehr Raum benötigen, wird der Spinat ausgehackt und bleibt zwischen den Reihen als Bodenbedeckung liegen.
Juli: Im Juli werden die Möhren geerntet, zur gleichen Zeit werden die Lauchreihen nochmals angehäufelt, gegebenenfalls vereinzelt und gedüngt. Zwischen die nun 50 cm auseinander stehenden Lauchreihen pflanzen Sie eine Reihe **Knollenfenchel** und an einem Rand, 30 cm vom Lauch entfernt, noch eine Reihe **Eissalat** (siehe Pflanzschema Bsp. 2). Nach der Ernte von Eissalat und Fenchel kann der Lauch, sofern es eine winterharte Sorte ist, bis zum jeweiligen Gebrauch stehen bleiben oder man erntet ihn und schlägt ihn am Beetrand ein. Die abgeräumten Teile des Beetes erhalten eine Bodendecke aus Stroh oder einem anderen organischen Material.

Spätmöhren – Lauch, vorher: Salat – Radieschen – Kerbel

Eine empfehlenswerte Möhrensorte ist 'Nantaise', die sowohl früh als auch spät (Anfang Juni) angebaut werden kann.
März/April: Um das Beet bis zur Hauptkultur noch zu nutzen, wird es im März bei abgetrocknetem Boden mit einer Reihe **Salat** 15 cm vom Rand entfernt eingesät. 60 cm von der ersten Salatreihe entfernt säen Sie eine zweite Salatreihe. Dazwischen kommen jeweils im 15-cm-Abstand eine Reihe **Radieschen**, eine Reihe **Kerbel** und wieder eine Reihe Radieschen. Neben der zweiten Salatreihe hat nur

Erprobte Kombinationen für ein Beet

noch eine Reihe Radieschen und eine Reihe Kerbel Platz, ebenfalls 15 cm voneinander entfernt. Der Kerbel, der im Gegensatz zu anderen Kräutern kaum kälteempfindlich ist, wird schon nach zwei bis drei Wochen zu sehen sein. Nach sechs Wochen kann man anfangen, ihn zu schneiden. Auch die Radieschen werden schnell wachsen und herausgezogen, bevor die Salatköpfe – sie sind inzwischen auf 30 cm in der Reihe vereinzelt – sich ausbreiten.

Mai: Pflanzen Sie den **Lauch** Ende Mai, auch wenn noch einige Salatköpfe auf dem Land stehen. Dazu ziehen Sie 25 cm vom Rand entfernt die erste und dann im Abstand von 50 cm die zweite 20 cm tiefe Rille, legen die Lauchpflanzen, denen zuvor die Wurzeln etwas

Möhren und Lauch halten sich wechselseitig die Schädlinge auf Abstand

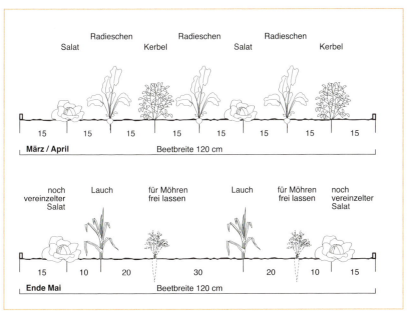

Spätmöhren – Lauch nebst Vorkulturen: Querschnitt durch das Beet im März/April und Mai

Mischkultur auf Beeten

gekürzt wurden, schräg an eine Wand der Rille im Abstand von 12 cm zueinander und schließen den Pflanzgraben, indem Sie die Erde gegen die Pflänzchen drücken (siehe Abbildung Seite 51).
Juni: Anfang Juni werden die Möhren in die für sie freigehaltenen Reihen gesät. Bei dieser späten Aussaat kommen die jungen Pflanzen mit der Möhrenfliege nicht in Kontakt. Gegen die Lauchmotte schützen sie allerdings nicht mehr optimal, da zur Flugzeit die jungen Möhren gegenüber dem gepflanzten Lauch noch zu schwach sind, um die Schädlinge mit ihrem Duft abzuhalten. Doch in Gegenden, in denen die Lauchmotte nur gelegentlich schädigt, ist diese Kombination empfehlenswert. Wenn die Möhren im Herbst das Beet geräumt haben, wird es mit einer Mulchdecke winterfest gemacht.

Frühmöhren – Zwiebeln in Mischsaat
Genau wie der Lauch schützen auch Möhren und Zwiebeln sich gegenseitig vor Möhren- und Zwiebelfliege. Deshalb kann man sie ebenso kombinieren und aussäen wie im Beispiel Frühmöhren – Lauch in Mischsaat auf Seite 49.
Frühmöhrensamen, am besten von Sorten mit kurzem Laub, werden mit **Zwiebelsamen** gut gemischt im Verhältnis 3 : 2 (3 Teile Möhrensamen, 2 Teile Zwiebelsamen). Geeignet dafür sind ebenfalls die Sorten 'Gonsenheimer Treib' und 'Pariser Markt' (Karotte). Bewährt hat sich diese Art der Mischkultur vor allem im Rheinland und in Holland.

Das auf Seite 49 zur Ernte und zum Boden Gesagte kann auf diese Kombination übertragen werden. Während allerdings der Lauch nach der Möhrenernte noch bis zum Spätherbst oder gar zum Winter auf dem Land bleibt, verlassen die Säzwiebeln meist bis Mitte September ihren Platz. Nach der Ernte ist noch genügend Zeit, eine **Meldesaat** als Gründüngung vorzunehmen.

Möhren – Steckzwiebeln
April: Sobald es die Witterung zulässt, werden jeweils eine Reihe **Steckzwiebeln** in 30 cm Entfernung vom Beetrand in den Boden gebracht. Noch früher sät man in die Reihen, die später für die Möhren bestimmt sind, **Schnittsalat** und **Radieschen** gemischt – jeweils eine Reihe 15 cm von den beiden Rändern entfernt und dann noch eine Reihe in je 30 cm Abstand zu den beiden Zwiebelreihen. Bis Mitte Juni, wenn die Möhren in die Erde kommen, sind Salat und Radieschen geerntet.
Juni: Nach Ernte des Salates und der Radieschen säen Sie in die selbe Reihe Mitte Juni die **Möhren**. Wählen Sie am besten eine zarte, schnell wachsende Sorte für den Herbstgebrauch – sie sind zwischen den Reihen der bereits herangewachsenen Steckzwiebeln vor der Möhrenfliege weitgehend sicher. Allerdings können die so spät gesäten Möhren die Steckzwiebeln vor der Zwiebelfliege nicht mehr schützen.

Dennoch hat diese Kombination ihre Vorzüge, denn es gelingt oft nicht, die zarten, wohlschmeckenden Möhren vor der Möhrenfliege zu schützen, da im Frühjahr sowohl Lauch als auch Zwiebeln noch zu klein sind. Auf diese Weise inmitten der

> **Säen oder Stecken?**
>
> Auf schweren Böden und in nassen Sommern reifen Säzwiebeln meist nicht optimal aus und faulen leicht während der Lagerung. Die Steckzwiebeln sind aber in der Regel auch bei ungünstiger Witterung im Laufe des August ausgereift und lassen sich gut einlagern. Schon ab Mitte Juli können Sie einzelne Zwiebeln für den Sofortgebrauch laufend entnehmen.

Brokkoli, Salat und Fenchel ergänzen sich hinsichtlich ihrer Nährstoffbedürfnisse.

schon stattlich herangewachsenen Zwiebeln sind die Möhren jedoch meistens madenfrei.

August: Sind die Zwiebeln im August herausgezogen, so können Sie an ihre Stelle noch je eine Reihe **Herbstradieschen** säen. Sie wachsen so schnell, dass sie Ende September gleichzeitig mit den Möhren geerntet werden können. Nachdem das Beet gesäubert und mit Kompost versorgt ist, erhält es für den Winter noch eine **Senfeinsaat**.

Salate in der Mischkultur

Als schnell wachsende Gemüsepflanzen lassen sich Salate gut als Vor-, Nach- und Zwischenkultur in verschiedene Kombinationen einschieben, wie es in einigen Beispielen schon gezeigt wurde. Ungünstig wirken sich nur die Nachbarschaft von Sellerie sowie die Nähe von Petersilie und Kresse aus.

Sommersalat – Lauch (Porree)

Langjährige Praxiserfahrung hat gezeigt, dass Salat für die Sommerernte längst nicht so schnell schießt, wenn er gesät wird und auf der unveränderten (nicht verpflanzten) Wurzel stehen kann.

April: Anfang April werden daher vier Reihen **Sommerkopfsalat** im Abstand von 30 cm gesät, wobei an beiden Rändern 15 cm frei bleiben. Pflanzen Sie Mitte oder Ende April in die Zwischenreihen, wenn die Salatreihen gut zu sehen sind, **Lauch** (siehe Seite 50f.).

Sobald dann die Blättchen des gesäten Salates etwa 10 cm lang sind, werden sie auf 30 cm Abstand vereinzelt. Für die kräftigen Setzlinge finden sich meist auf anderen Beeten oder an Rändern noch verschiedene Plätzchen, an denen sie heranwachsen können. Kleine, schwache Pflanzen werden einfach herausgezogen und bleiben als Bodenbedeckung zwischen den Reihen liegen. Gleichzeitig mit dem Vereinzeln können Sie die Zwischenräume zwischen den Reihen hacken und jäten.

Juni: Im Juni beginnen sich die Köpfe zu bilden und spätestens Anfang Juli wird der Salat das Feld räumen. Nun kann der Lauch den Platz allein beanspruchen. Er wird nochmals angehäufelt, die Abstände zwischen den Reihen und zum Rand hin betragen jetzt jeweils 30 cm, so dass auch der Umfang der einzelnen Stangen sichtbar zunimmt. Den Boden zwischen den Lauchreihen sollten Sie jetzt nach Möglichkeit bedecken.

Oktober: Nach der Laucherte Ende Oktober ist es für eine Nachkultur auf diesem Beet zu spät. Schlagen Sie den Porree am Beetrand ein und bedecken das übrige Beet mit angerottetem Kompost.

Sommersalat – Rettich
a) Gründüngung als Vorkultur
März: Da sowohl der Salat als auch der Rettich das Beet erst ab Mitte Juni belegen, wird Anfang März breitwürfig **Ackerbohne als Gründüngung** eingesät. Vor der Blüte wird diese ausgehackt. Diesmal wird sie jedoch vom Beet abgeräumt, damit für die Rettichsaat ein sauberes Saatbeet vorhanden ist. Düngung benötigen die Kulturen nicht mehr, da die Ackerbohnen das Beet aufbereitet und mit Stickstoff angereichert haben.

Juni: Mitte Juni säen Sie zwei Reihen **Rettich** der Sorte 'Münchner Bier', die erste Reihe 15 cm vom Rand entfernt, die zweite Reihe im Abstand von 60 cm zur ersten. Genau zwischen die beiden Reihen wird nun eine Reihe vorgezogener **Sommersalat** gepflanzt, mit Zwischenräumen von 20 cm zueinander in der Reihe. 30 cm von der zweiten Rettichreihe entfernt pflanzen Sie eine weitere Reihe Salat, so dass der Abstand zum Rand auch hier 15 cm beträgt. Sobald der Rettich aufgelaufen ist und die ersten Laubblätter sich gebildet haben, wird er auf 15 bis 20 cm in der Reihe vereinzelt.

Nach der Ernte von Salat und Rettich wird das Beet für den Winter mit **Melde** eingesät.

b) Frühjahrssalat – Radieschen, danach: Sommersalat – Rettich
März: Anstelle der Gründüngung säen Sie im März bei abgetrocknetem Boden in das Beet zwei Reihen **Salat**, eine 15 cm vom Rand und die zweite 60 cm von der ersten Salatreihe entfernt. Dazwischen kommen eine Reihe **Radieschen** und eine Reihe **Kerbel**, der ebenfalls gut zu Salat passt, und wieder eine Reihe Radieschen im Abstand von jeweils 15 cm. Auch die zweite Salatreihe erhält als Nachbarn eine Reihe Radieschen und eine Reihe Kerbel. Der Kerbel steht bei dieser Planung 15 cm vom Rand entfernt.
Der Kerbel wird schon nach zwei bis drei Wochen zu sehen sein und nach sechs Wochen können Sie anfangen, ihn zu schneiden. Auch die Radieschen werden schnell wachsen und herausgezogen, bevor die Salatpflanzen – sie

März: Frühjahrssalat – Radieschen, danach: Sommersalat – Rettich

Pflanzabstand	
15 cm	Salat
15 cm	Radieschen
15 cm	Kerbel
15 cm	Radieschen
15 cm	Salat
15 cm	Radieschen
15 cm	Kerbel
15 cm	

Erprobte Kombinationen für ein Beet

sind inzwischen auf 30 cm in der Reihe vereinzelt – stattliche Köpfe entwickelt haben.

Mai: Nach der ersten Ernte wird das Beet von Unkraut gesäubert und mit reifem Kompost versorgt, anschließend mit **Rettich** und **Sommersalat** bestellt wie oben beschrieben. Dabei kommt jeweils genau auf die Reihe, in der der Frühjahrssalat stand, nun der Rettich. Der Sommersalat kommt in die Reihen des Kerbel, was ihm sehr zuträglich ist.

Pflanzabstand	Mai: Frühjahrssalat – Radieschen, danach: Sommersalat – Rettich
15 cm	Rettich
30 cm	Sommersalat
30 cm	Rettich
30 cm	Sommersalat
15 cm	

Schnittsalat – Rote Bete

März: Da Rote Bete empfindlich gegen kalte Witterung sind, dürfen sie erst nach Mitte April ausgesät werden. Die Reihen werden aber schon im März markiert: die äußeren beiden Reihen jeweils 20 cm vom Rand entfernt, die Mittelreihe genau in der Mitte des Beetes, 60 cm nach beiden Seiten zum Beetrand hin und 40 cm zur nächsten Rote-Bete-Reihe. Genau zwischen die drei Reihen werden schon im März zwei Reihen **Schnittsalat** ausgesät. Der Abstand zur Rote-Bete-Reihe sollte jeweils 20 cm betragen.

April: Mitte April, wenn sich der Boden dann auf jeden Fall über 10 °C erwärmt hat, werden die **Roten Bete** ausgesät. Bewährt hat es sich zu „dippeln": Legen Sie dazu an jede Pflanzstelle, also alle 12 bis 15 cm, ein bis zwei Samenknäuel. Wenn die Samen aufgegangen sind, lassen Sie nur jeweils den kräftigsten Keimling stehen. Diese stehen dann gleich im richtigen Abstand und das zeitaufwändige Verpflanzen wird gespart. Da **Bohnenkraut** ausgesprochen förderlich auf Rote Bete wirkt, können Sie dicht neben den Schnittsalat noch etwas Bohnenkraut einstreuen. Es benötigt keinen besonderen Platz.

Juli: Anfang Juli ist der Schnittsalat geräumt, das Bohnenkraut kann noch eine Weile stehen bleiben und die Rüben haben Platz, um sich auszubreiten. Nach der Ernte der Roten Bete Anfang September können Sie auf das ganze Beet als Gründüngung **Senf** einsäen.

Kopfsalat – Spätmöhre

In diesem Beispiel ist die Möhre als Hauptkultur vorgesehen. Gerade die Anfang April ausgesäten Spätmöhrensorten wachsen in der Anfangszeit sehr langsam.

März: Um für die Keimung und erste Jugendphase eine **Schattengare** auf dem Beet zu erreichen, pflanzen Sie schon im März vor der Aussaat der Möhren am besten **Salat** als Begleitpflanze, sobald es die Witterung zulässt. Sie markieren also schon die vier Möhrenreihen je 15 cm vom Rand entfernt und im Abstand von 30 cm von Reihe zu Reihe. Dazwischen pflanzen Sie dann den frühen Kopfsalat.

April: Im April stehen auf diesem Beet dann sieben Gemüsereihen jeweils im Abstand von 15 cm.

Mai: Die **Möhren** werden auch in dieser Kombination mit **Dillsamen** gemischt. In der Nachbarschaft des Salates keimen Dill und Möhren zügig und gleichmäßig. Von Möhre zu Salat gehen nachweislich wachstumfördernde Impulse aus. So ist der Salat Ende Mai zu festen Köpfen herangereift und räumt seinen Platz für die nun dicker und größer werdenden Rüben. Bevor der Dill in Blüte steht, wird er ebenfalls herausgezogen und in der Küche verwendet, damit seine Wurzeln die Möhren nicht bei der Entwicklung stören.

September: Nach der Möhrenernte Ende September erhält das Beet noch eine Einsaat mit **Senf**, der es über den Winter schützt.

Mangold – Kopfsalat/Radieschen, danach Perlzwiebeln – Feldsalat verzahnt mit Wurzelpetersilie und Kohlrabi (zweijährige Beetnutzung)

1. Jahr, April: Säen Sie im April zwei Reihen **Mangold** und zwei Reihen **Kopfsalat** mit **Radieschen** gemischt, jeweils mit 15 cm Abstand zum Rand und mit 30 cm Abstand zwischen den Reihen. Wollen Sie den Mangold als Schnittmangold ernten, ist ein späteres Vereinzeln nicht nötig, die Pflanzen können etwa 5 cm dicht in der Reihe stehen. Bei Rippenmangold muss auf jeden Fall vereinzelt werden auf 35 cm in der Reihe, sonst haben die Pflanzen keinen Platz, sich zu entwickeln. Falls der Kopfsalat zu dicht aufgeht, wird auf 25 bis 30 cm Abstand vereinzelt. Da Radieschen mitgesät wurden, sorgen diese meist dafür, dass nach der Radieschenernte kein Vereinzeln mehr nötig ist.

1. Jahr, Juni/Juli: Im Juni und Juli wird nach und nach der Kopfsalat geerntet. Im Juli, nachdem Sie den Mangold etwa dreimal geschnitten haben, hacken Sie auch ihn aus und bereiten das Beet für eine neue Bestellung vor, indem Sie gründlich lockern und Unkraut jäten.

1. Jahr, August: Mitte August legen Sie dann drei Reihen **Perlzwiebeln** in den gelockerten Boden. Der Abstand vom Rand beträgt jeweils 20 cm, der Abstand von Reihe zu Reihe 40 cm und innerhalb der Reihe wird alle 4 bis 6 cm ein Zwiebelchen gesteckt. Sie kommen höchstens 2 cm tief in die Erde und müssen fest eingedrückt werden. Schon bald danach treiben sie frische schnittlauchähnliche Blätter, die auch im Winter grün bleiben. Deshalb ist in manchen Gegenden auch die Bezeichnung „Winterschnittlauch" gebräuchlich. Da sie sich im Herbst langsam entwickeln und erst nach der Überwinterung im nächsten Frühjahr die erwünschten Brutzwiebeln ansetzen,

---

Echte Gartenperlen: Perlzwiebeln

Pflanzgut von Perlzwiebeln gewinnt man aus überwintertem Lauch. Lässt man nämlich einige Lauchstangen über Winter stehen und entfernt im nächsten Frühjahr den Samentrieb, so bildet jede Pflanze rund um ihren Wurzelhals eine ganze Menge kleine Zwiebelchen aus. Diese sind reinweiß und sehr zart. Die größeren werden direkt in der Küche verwendet, die vielen kleinen werden wie winzige Steckzwiebeln bis zum August/September aufbewahrt und dann gesteckt.

Erprobte Kombinationen für ein Beet

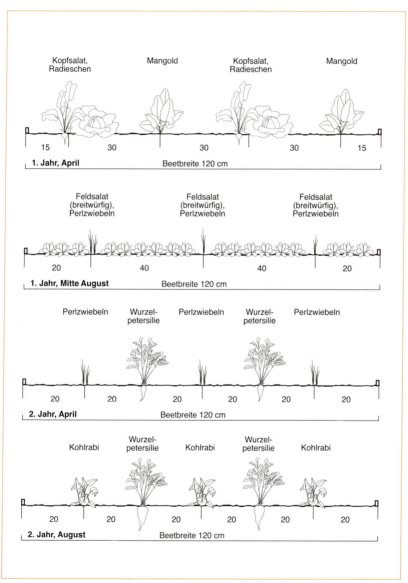

Beispiel einer Beetnutzung über zwei Jahre: Querschnitt durch das Beet im April und August des 1. und des 2. Jahres

Mischkultur auf Beeten

können sie im Herbst gut eine Zwischensaat von **Feldsalat** vertragen. Man sät den Feldsalat ebenfalls Mitte bis Ende August breitwürfig zwischen die Reihen. Der Feldsalat unterdrückt das Unkraut und kann im Laufe des Winters bei Bedarf geerntet werden.

2. Jahr, April: Im nächsten Frühjahr wird zwischen den Reihen flach gehackt und eine Einsaat von **Wurzelpetersilie** vorgenommen.

2. Jahr, Juni/Juli/August: Die Perlzwiebeln sind im Juni und Juli des zweiten Jahres erntereif und Sie können an ihre Stelle noch je eine Reihe **Kohlrabi** für die Herbsternte pflanzen, im Abstand von 25 bis 30 cm zueinander in der Reihe. Der relativ weite Abstand in der Reihe wird deshalb gewählt, weil der Zwischenraum zur nächsten Wurzelpetersilienreihe recht knapp bemessen ist.

2. Jahr/September/Oktober: Nach der Ernte von Wurzelpetersilie und Kohlrabi im September und Oktober wird das Beet gut mit reifem Kompost versorgt und erhält noch eine Einsaat mit **Winterwicken**.

Schwarzwurzeln und ihre Begleitpflanzen

Schwarzwurzeln mit wechselnden Partnern

Der Anbau von Schwarzwurzeln ist recht arbeitsaufwändig. Sie gehören deshalb nicht zu den Standardgemüsen im Hausgarten. Trotzdem sind sie wertvoll für einen kalorienarmen Speiseplan. So sollen sie auch im Mischkulturenplan ihren Platz haben. Voraussetzung für den Schwarzwurzelanbau ist eine besonders gründliche und tiefe Bodenlockerung vor der Aussaat.

März: Im März werden dann die außergewöhnlich langen **Schwarzwurzelsamen** in etwa 5 cm tiefe Rillen gesät. Legen Sie auf dem Beet zwei Reihen an im Abstand von 80 cm und je 20 cm vom Rand. Bevor die Reihen geschlossen werden, werden sie noch mit reifem Kompost übersiebt. Zwischen die Schwarzwurzelreihen werden zwei Reihen **Kopfsalat** und dazwischen zwei Reihen **Radieschen** gesät.

Juni: Anfang Juni sind die Radieschen längst geerntet. Zwischen die noch stehenden Salatköpfe können Sie **Dauerkohl** (Rotkohl, Weißkohl oder Wirsing) mit Abständen von 50 cm in der Reihe pflanzen. Noch erhalten die Setzlinge von den Salatköpfen leichte Beschattung und sind vor **Erdflöhen** sicher. Auch vor **Taubenfraß** sind die so versteckten Kohlpflanzen relativ ge-

März: Schwarzwurzeln mit wechselnden Partnern	
Pflanzabstand	
20 cm	Schwarzwurzeln
20 cm	Kopfsalat
15 cm	Radieschen
10 cm	Radieschen
15 cm	Kopfsalat
20 cm	Schwarzwurzeln
20 cm	

Juni: Schwarzwurzeln mit wechselnden Partnern	
Pflanzabstand	
20 cm	Schwarzwurzeln
40 cm	Dauerkohl
40 cm	Schwarzwurzeln
20 cm	

schützt, denn in den letzten Jahren haben sich Stadttauben zu einer wahren Plage entwickelt. Kohlsetzlinge werden oft bis zu den Rippen abgefressen, Salat wird von den Tieren jedoch verschont. Der Salat wird nach und nach geerntet und bis die Kohlpflanzen den Platz beanspruchen, hat er ganz das Beet geräumt.

Als Variante dazu können Sie zwischen den Dauerkohl auch noch **Sellerie** pflanzen. Die Abstände zwischen zwei Kohlpflanzen in der Reihe betragen dann jeweils 1 m, genau dazwischen kommt die Selleriepflanze.

Oktober: Im Oktober wird zuerst der Dauerkohl geerntet. Die im Frühjahr gesäten Schwarzwurzeln können von Mitte Oktober an geerntet werden. Die Ernte muss sehr vorsichtig geschehen, da die langen Wurzeln leicht im Boden abbrechen. Außerdem tritt schon bei leichten Verletzungen der weiße Milchsaft aus, und das Erntegut verdorrt. Am besten heben Sie entlang der Pflanzreihe einen kleinen Erdgraben aus, 20 cm breit, 30 bis 40 cm tief, und drücken die Wurzeln mit einer Grabgabel in diese Furche. Da die Wurzeln außerhalb des Erdbodens an Güte verlieren, ernten Sie immer nur so viele, wie Sie gerade brauchen. Schwarzwurzeln sind winterhart und brauchen, solange sie auf dem Land bleiben, nur eine leichte Decke aus Laub. Ist der Garten im Winter schwer zugänglich oder sind längere Frostperioden angesagt, so nimmt man alle Wurzeln heraus und bewahrt sie im Sandeinschlag im Keller auf.

Schwarzwurzeln – Lauch

Auch die Kombination Schwarzwurzeln – Lauch bringt einige Vorteile mit

Zwischen den Schwarzwurzeln fühlt sich der Sellerie wohl und dankt es mit großen, glatten Knollen

sich, da beide Gemüsearten gleichzeitig ausgesät werden können. Nach gründlicher Lockerung des Beetes ziehen Sie fünf Reihen im Abstand von je 25 cm zueinander und 10 cm vom Rand entfernt. In drei Reihen säen Sie **Schwarzwurzeln** und in die beiden dazwischen liegenden **Lauch**.

Beide Kulturen wachsen nun zusammen heran, erhalten die gleiche Pflege und Düngung und entwickeln sich erfahrungsgemäß außerordentlich gut im Schutz des jeweiligen Nachbarn. Auch die **Lauchmotte** findet zwischen den Schwarzwurzeln kaum zu ihren Wirtspflanzen. Beide Gemüse beanspruchen das Beet bis zum Spätherbst oder bleiben sogar im Winter bis zum jeweiligen Gebrauch im Garten, so dass eine Nachkultur entfällt.

Sellerie und seine Partner

Dass der Sellerie ein hervorragender Partner für Kohlgewächse ist, wurde

Mischkultur auf Beeten

schon auf Seite 42 beschrieben. Hier sehen Sie, dass er auch zu anderen Partnern gut passt.

Sellerie – Lauch
Empfehlenswert ist beispielsweise die Zusammenstellung von Sellerie und Lauch.
März/April: Säen Sie im März bis April drei Reihen **Lauch** bzw. Porree und pflanzen dazwischen **Frühkohlrabi** und **Salat** (beide vorgezogen).
Mai: Im Mai, nach der Ernte von Salat und Kohlrabi, wird Sellerie auf deren Platz gepflanzt mit Abständen von 40 cm in der Reihe. So wachsen beide Kulturen miteinander heran und erhalten von Zeit zu Zeit einen Dungguss mit **Brennnesseljauche** (siehe Seite 104f.). Beide sind dankbar für etwas **Holzasche**, die bekanntlich viel Kalium enthält.
September/Oktober: Nun wird zuerst der Sellerie geerntet, der Lauch kann je nach Sorte noch auf dem Beet bleiben. Auf die freien Flächen kommt noch eine Einsaat aus **Senf**.

Sellerie – Buschbohnen, vorher: Kohlrabi – Pflücksalat/Radieschen/Dill – Spinat
März: Im März, sobald der Boden abgetrocknet ist, wird in die Mitte des Beetes eine Reihe **Frühkohlrabi** gepflanzt. Rechts und links davon säen Sie je eine Reihe **Pflücksalat**, dem etwas **Dill** beigemischt wird, jeweils 20 cm von den Kohlrabi entfernt. Bewährt hat sich der braune schnell wachsende Eichblattsalat. Der Geruch der Salatblätter hält in weitem Umkreis die **Erdflöhe** von Kohlpflanzen ab. Auch **Radieschen**, in die gleiche Reihe zusammen mit dem Pflücksalat gesät, profitieren davon. So wachsen sie in dessen Schutz heran und können jeweils bei Bedarf herausgezogen werden. Jeweils 20 cm von den Beeträndern entfernt kommt je eine Reihe **Spinatsamen**.
Mai: Mitte Mai ist der Spinat geerntet, die Radieschen sind herausgezogen, vom herangewachsenen Pflücksalat wird laufend für die Küche geschnitten und die frühen Kohlrabi sind fast erntereif. In die Reihen, in denen der Spinat stand, legen Sie nun **Buschbohnen** in Horsten. Im Abstand von jeweils 25 bis 30 cm in der Reihe legt man fünf bis sechs Bohnensamen. In der zweiten Maihälfte kann man zwischen die noch stehenden Kohlrabi vorgezogenen **Sellerie** setzen, im Abstand von 40 cm zueinander in der Reihe. Sellerie ist recht kälteempfindlich und sollte erst nach den Maifrösten ins Freie gesetzt

April: Sellerie – Lauch
Pflanzabstand:
- 10 cm
- 25 cm – Lauch
- 25 cm – Salat/Kohlrabi
- 25 cm – Lauch
- 25 cm – Salat/Kohlrabi
- 25 cm – Lauch
- 10 cm

Mai: Sellerie – Lauch
Pflanzabstand:
- 10 cm
- 25 cm – Lauch
- 25 cm – Sellerie
- 25 cm – Lauch
- 25 cm – Sellerie
- 25 cm – Lauch
- 10 cm

Erprobte Kombinationen für ein Beet

werden. Wenn die Selleriepflanzen nun den Platz beanspruchen, sind die Kohlrabi geerntet. Auf diese Weise gelingt es, den zur Verfügung stehenden Platz so gut wie möglich auszunutzen.

Juni: Ab Anfang Juni haben auch der Pflücksalat und der Dill den Platz frei gemacht, so dass sich nun Buschbohnen und Sellerie gut entwickeln und ausbreiten können.

August: Ende August sind die Buschbohnen geerntet und vom Beet abgeräumt. An ihren Platz werden nun je zwei Reihen **Feldsalat** im Reihenabstand von je 10 cm gesät.

Oktober: Nachdem dann auch der Sellerie im Oktober ausgegraben und eingekellert ist, erhält die Beetmitte zwischen den Feldsalatreihen noch eine **Senfeinsaat**.

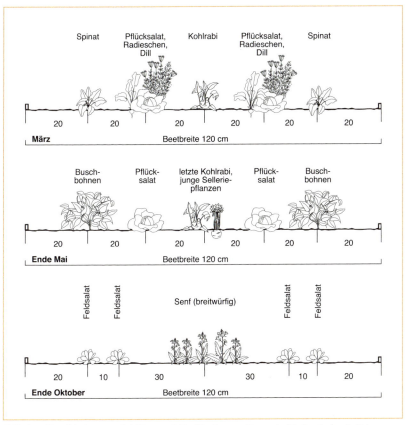

Sellerie – Buschbohnen nebst Vor- und Nachkulturen: Querschnitt durch das Bett im März, Mai und Oktober

Mischkultur auf Beeten

Tomaten und ihre Begleitpflanzen

Die frostempfindlichen Tomaten dürfen erst Mitte Mai nach den Eisheiligen ins Freiland gesetzt werden. Damit die ersten Früchte nicht zu lange auf sich warten lassen, müssen Sie sie im Warmen vorziehen.

Februar/März: Säen Sie die Tomatensamen Ende Februar bis Anfang März dünn in lockere, humose, mit etwas Sand gemischte Erde, die vor der Aussaat mit etwas **Schachtelhalmbrühe** (siehe Seite 109) überbraust wird.

April: Etwa Anfang April werden sie nun nach zweimaligem Pikieren kühler gestellt, beispielsweise ins Frühbeet bei geschlossenen Fenstern. Bei Temperaturen zwischen 12 und 15 °C entwickeln sie sich nun zu gesunden, kräftigen Jungpflanzen, die Mitte Mai ins Freiland gesetzt werden können. Da die Tomaten lange Jahre an den selben Platz gesetzt werden können, empfiehlt sich eine stabile Konstruktion zum Anbinden der Triebe. Je nachdem, ob man viele oder wenige Tomatenpflanzen ziehen will, steckt man in der Mitte des Beetes eine Reihe Stangen im Abstand von 50 cm in den Boden oder zwei Reihen, jeweils 20 cm von den Rändern entfernt. Als erste und letzte Stange werden Stahlstangen in den Boden gerammt. Mit Querdrähten werden dann die Tomatenstangen für einen besseren Halt untereinander verbunden.

Wo es möglich ist, werden die Pflanzenreihen in der Hauptwindrichtung angelegt, damit die Blätter nach einem Regen besser abtrocknen können und so der **Kraut- und Knollenfäule** vorgebeugt wird.

Tomaten – Kohl/Ringelblumen

Bei diesem Beispiel gehen wir von einem Beet mit zwei Tomatenreihen in je 20 cm Entfernung zum Beetrand aus.

März: Säen Sie im März breitwürfig **Senf** über das ganze Beet, da dieser erfahrungsgemäß eine ausgezeichnete Vorkultur für Tomaten ist. Er bereitet den Boden vor und durchlockert ihn mit seinen Wurzeln. Sind die Stangen als feste Vorrichtung angebracht, sät man einfach dazwischen und um diese herum.

April: Im April wird in der Mitte des Beetes eine Reihe mittelfrüher **Kopfkohl** im Abstand von 50 cm in der Reihe gepflanzt. Um die großen Zwischenräume zwischen den noch kleinen Pflänzchen auszunutzen, pflanzen Sie dazwischen jeweils einen **Frühjahrskopfsalat**. Dazu wird der Senf ausgehackt und bleibt rechts und links zwischen der Kohlreihe und späteren Tomatenreihe liegen.

Mai: Mitte Mai pflanzen Sie die **Tomaten**. Die Stangen sind mittlerweile gesteckt, auch dort, wo kein dauerhaftes Tomatenbeet eingerichtet ist. Der Senf wird nun vollends ausgezogen und bleibt als Grundlage der Bodenbedeckung zwischen den Reihen und Pflanzen liegen. In jedes Pflanzloch gibt man gut ausgereiften, nährstoffreichen **Kompost**, der mit etwas **Steinmehl** gemischt ist, und einige Senfsamen. Der keimende Senf fördert erfahrungsgemäß das Einwurzeln der Tomaten. Die Tiefe des Pflanzlochs richtet sich nach der Größe der vorgezogenen Tomaten. Die Pflanzen werden bis zum ersten Laubblatt in die Erde gesetzt. Zwischen die Tomaten werden innerhalb der Reihe **Ringelblumen** gesät, die

Erprobte Kombinationen für ein Beet

Vier die sich mögen: Tomaten, Kohlrabi, Ringelblumen und Dill

später, sollten sie zu dicht aufgehen, ausgedünnt werden. Dunggüsse mit verdünnter **Brennnesseljauche** (siehe Seite 104f.) sind gerade für das Anfangswachstum im Freien empfehlenswert. Nach drei bis vier Wochen werden die Pflanzen zur besseren Wurzelentwicklung etwa 10 cm hoch angehäufelt.

Wegen der großen Empfindlichkeit der Tomaten gegen feuchte Luft muss der Boden schon bald gut bedeckt sein. **Kurz geschnittenes Stroh** ist neben anderen Gartenabfällen ein ausgezeichneter Tomatenmulch.
Juni: Mitte Juni, wenn der Kopfkohl größer wird, ist der Salat geerntet. Die

Ringelblumen sind mittlerweile aufgegangen und einige beginnen zu blühen. Die Früchte der Tomaten nehmen ständig an Größe zu, neue Fruchtstände entwickeln sich. Später müssen Sie die seitlichen Tomatentriebe und auch eventuell die Triebspitze ausgeizen, um anstelle des Triebwachstums die Fruchtentwicklung und -reife zu fördern.

Juli: Ab Juli beginnen sich die Tomatenfrüchte zu röten und Sie müssen mehrmals wöchentlich durchpflücken. Da die beiden Reihen an den Beeträndern stehen, ist das ohne Schwierigkeiten von beiden Seiten aus möglich, ohne die Kohlpflanzen in der Mitte des Beetes zu stören. Im Schutz der Tomaten sind die Kohlköpfe vor **Kohlweißlingen** sicher, die vom Geruch der Tomate vertrieben werden.

August/September: Von August bis September werden je nach Sorte die Kohlköpfe geerntet. Je nach Witterung können die Tomatenpflanzen noch bis zum Oktober stehen bleiben. Die noch grünen Früchte werden gepflückt und sorgfältig in Kisten unter dunklen Tüchern zum Nachreifen aufgestellt. Beim Abräumen des Beetes müssen kranke Tomatenstauden aussortiert und vernichtet werden. Zum Kompost wandern nur die gesunden Pflanzen, damit sich keine Krankheiten im Komposthaufen vermehren. Das Tomatenbeet kann noch eine Nachkultur von **Melde** oder **Büschelschön** (*Phacelia*) erhalten.

Tomate – Lauch, vorher: Kohlrabi – Salat

März: Wir haben wieder ein Beet mit zwei Tomatenreihen vor uns. Sobald es im März die Witterung erlaubt, bepflanzen Sie zwei Reihen im Abstand von je 40 cm zueinander sowie vom Rand entfernt mit **Kopfsalat** und **Frühkohlrabi** im Abstand von 25 cm in der Reihe. Da auch Kamille und Tomaten gut zueinander passen, säen Sie jeweils an die Ränder, 5 cm von der Beetkante entfernt, eine Reihe **Kamille**.

Mai: Nach Mitte Mai werden die beiden **Tomatenreihen** bepflanzt wie oben beschrieben. Ende Mai, unmittelbar nach der Ernte der beiden Vorkulturen Kohlrabi und Kopfsalat, setzen Sie in die Beetmitte eine Reihe gut vorgezogenen **Lauch**. Die Abstände innerhalb der Reihe betragen etwa 15 cm. Diese Kombination ist vor allem dort zu empfehlen, wo die **Lauchmotte** schwere Schäden verur-

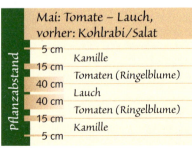

sacht, denn auch die Lauchmotte wird vom Geruch der Tomatenblätter weitgehend ferngehalten. Da der Lauch keine allzu großen Ansprüche an die Belichtung stellt, eignet er sich auch als Zwischenreihe zwischen den Schatten werfenden Tomaten. Zwischen die einzelnen Tomatenpflanzen können Sie nun noch **Ringelblumen** säen.

September/Oktober: Wenn im September bis Oktober die Tomaten geerntet und vom Beet abgeräumt sind, kann der Lauch bis zum jeweiligen Gebrauch stehen bleiben. Das Beet erhält rechts und links vom Lauch noch eine Einsaat von **Senf**.

Tomaten – Ringelblumen/Petersilie

In diesem Beispiel sind die Ringelblumen die direkten Mischkulturenpartner der Tomaten. Während in den vorherigen Beispielen die Partner (Kohl und Lauch) von der Nachbarschaft der Tomaten profitieren, ist hier die Tomate der Nutznießer der Ringelblumen.

Bestellen Sie das Beet zunächst mit Senf wie oben beschrieben, säen jedoch schon so früh wie möglich in der Mitte des Beetes eine Reihe **Ringelblumen** und an die Ränder mit je 5 cm Abstand jeweils eine Reihe **Petersilie**. Petersilie ist für Tomaten ein guter Partner, weil sie das Aroma der Tomatenfrüchte intensiviert.

Wenn dann nach den Maifrösten die **Tomaten** in 40 cm Abstand zu der Mittelreihe Ringelblumen gepflanzt werden, sind diese und die Petersilie schon da. Die Ringelblumen werden ausgedünnt und überschüssige Pflanzen an andere Stellen des Gartens, beispielsweise unter Obstbäume gepflanzt.

> *Immer wieder Ringelblumen*
> Die Samen der Ringelblumen lassen sich sehr leicht sammeln, trocknen und für das nächste Jahr aufbewahren. Ein großer Teil wird sich auch von selbst aussäen und Sie nächstes Jahr irgendwo im Garten überraschen.

Alle Partner können miteinander wachsen. Petersilie wird laufend für die Küche geschnitten, die Tomaten werden zur Reifezeit regelmäßig ausgepflückt und die Ringelblumen bringen Farbe in das Gartenbild. Abgeblühte Einzelkörbchen und ganze Büsche können Sie herausnehmen, wenn sie nicht mehr schön aussehen. Es werden bis zum Oktober neue Blüten aufblühen.

Wenn die Tomaten abgeräumt und das Beet von Unkraut gesäubert ist, können Sie als Gründüngung auch Ringelblumen säen. Die meisten Samen werden zwar erst im nächsten Jahr aufgehen, aber da auf diesem Stück ja wieder Tomaten angepflanzt werden, ist das sehr zu begrüßen.

Tomaten – Frühkohl, vorher: Schnittsalat, nachher: Feldsalat

In diesem Beispiel wird in der Beetmitte eine Reihe Tomaten gepflanzt. Die Stangen sind auch hier entweder als feste Vorrichtung im Boden oder sie werden vor der Pflanzung gesteckt.

März: Säen Sie als Vorkultur im März drei Reihen **Schnittsalat**, jeweils 40 cm vom Rand und 20 cm von einander entfernt. Die mittlere Schnittsalatreihe ist dabei genau zwischen den Toma-

Mischkultur auf Beeten

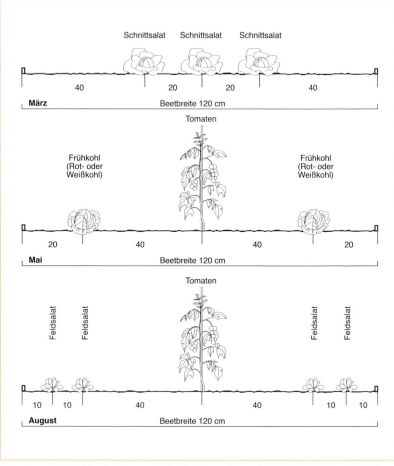

Tomaten – Frühkohl nebst Vor- und Nachkulturen: Querschnitt durch das Beet im März, Mai und August

tenstangen platziert, was der Entwicklung des Schnittsalates jedoch nichts ausmacht.

April: Im April pflanzen Sie dann 20 cm von den Rändern entfernt frühen **Rot- oder Weißkohl**.

Mai: Die mittlere Schnittsalatreihe wird zuerst abgeerntet, damit Mitte Mai dort für die **Tomaten** der Platz frei ist. Die beiden anderen Reihen können noch stehen bleiben, bis sie zum zweiten Schnitt herangewachsen sind.

Danach brauchen auch die nun heranwachsenden Kohlpflanzen den Platz.
Juli/August: Ende Juli wird der Frühkohl das Beet räumen. Sie können also im August noch je zwei Reihen **Feldsalat** an die Ränder säen.
September/Oktober: Wenn im September und Oktober je nach Witterung die Tomaten abgeerntet und abgeräumt sind, wird zwischen die Feldsalatreihen breitwürfig **Senf** gesät.

Negative Kombinationen

Natürlich gibt es auch Pflanzen, die sich im Wachstum hemmen (siehe auch Seite 6). Diese negative Beeinflussung kann wechselseitig sein oder nur von einem der beiden Partner ausgehen. In langjährigen Versuchen hat sich herausgestellt, dass es unter den Gemüsepflanzen und Kräutern relativ wenige wirklich hemmende, also negative Kombinationen gibt. Diese Beispiele kann man sich leicht merken und bei der Gartenbestellung meiden. In der Tabelle auf Seite 71/72 sind alle negativen Kombinationen aufgeführt. Einige besonders ungünstige Nachbarschaften werden hier aber noch näher erläutert.

Erbsen/Wicken – Kartoffeln

In bestimmten Gebieten Deutschlands, aber auch in Mischkulturentabellen mancher Gartenbücher wird immer noch eine Kulturkombination Frühkartoffeln – Erbsen empfohlen. In der Praxis werden sogar drei bis vier Straucherbsenkörner mit in die Kartoffelpflanzlöcher ausgelegt. Die Erbsen sollen sich dabei an den stabilen Stängeln und dem Kraut der Kartoffeln stützen – was auch nicht das Problematische bei dieser Anbauweise wäre. Doch bereits 1937 wurde der eindeutige Beweis erbracht, dass die Kartoffel einen stark hemmenden Einfluss auf das Keimen und das Wachstum der Erbsen ausübt. Diese Ergebnisse wurden auch in anderen Versuchsgärten in eindrucksvoller Weise bestätigt. Immer wieder zeigte sich, dass der Erbsenertrag bei sonst gleichen Boden- und Pflegeverhältnissen in der Kombination mit Kartoffeln abnahm.

Auch im Garten der Benediktinerinnen-Abtei Fulda konnten wir den hemmenden Einfluss von Kartoffeln auf Erbsen und noch deutlicher auf die mit den Erbsen verwandten Wicken feststellen. Der Grund dafür sind die von der Kartoffelknolle oder von Teilen der Knolle ausgeschiedenen Gase, vor denen die Erbsen- und Wickenwurzeln auszuweichen versuchen. Der Kartoffelertrag allerdings wird durch die Erbse oder Wicke keineswegs geschmälert. Es handelt sich also hier um eine einseitige Hemmwirkung, die nur von der Kartoffel ausgeht. Ob auch auf die zur gleichen Familie gehörenden Bohnen eine solche Hemmwirkung ausgeht, konnte nicht festgestellt werden. Allerdings kommen in der Praxis Kombinationen von Bohnen und Kartoffeln kaum vor.

Kartoffeln – Tomaten – Auberginen – Paprika

Alle vier Pflanzen gehören zur gleichen Familie der Nachtschattengewächse. Da sie von den gleichen Schädlingen angeflogen werden, verstärken Kombinationen aus diesen Gewächsen natürlich die Ausscheidungen und Düfte, die die Schädlinge von weither anlocken – fast so, als wäre ein großes Beet mit einer einzigen Pflanzenart angelegt worden. Stehen Tomaten beispielsweise mit Kartoffeln in Mischkultur, werden auch die Tomaten vom Kartoffelkäfer befallen, obwohl dieser allein stehende Tomaten kaum anfliegt. Auch die Kartoffeln selber werden stärker angeflogen als in Kombination mit anderen Partnern.

Bohnen – Zwiebeln

Ein Zufall deckte den ungünstigen Einfluss beider Partner aufeinander zuerst auf. GERTRUD FRANCK entdeckte, nachdem sie die Reihen ihres Gartens neu eingeteilt hatte, dass in ihrer Zwiebelreihe immer nach einem bestimmten Abstand etwa drei Pflanzen merklich kleiner geblieben waren. Sie stellte fest, dass es immer genau an den Stellen der Fall war, an denen im Vorjahr Bohnen gestanden hatten. Sogar die Rückstände der Bohnenpflanzen konnten also eine so auffallende Hemmwirkung verursachen! Diese Beobachtung wurde in verschiedenen Versuchen bestätigt. Auch nahe verwandte Pflanzen wie Lauch (Porree) und Erbsen hemmen einander.

Die Kombinationen: Bohnen – Zwiebeln, Bohnen – Lauch sowie Erbsen – Zwiebeln und Erbsen – Lauch sollten Sie daher besonders auf engem Raum vermeiden.

Rettich – Gurken

In manchen Jahren und unter bestimmten Voraussetzungen (sehr heißes und trockenes Frühsommerwetter) kommt es vor, dass die oberirdischen Ausscheidungen der Rettiche die Gurkenblüten taub werden lassen, so dass sich in weiblichen Blüten kein Fruchtansatz bildet. Von den zarteren Radieschen geht diese Hemmwirkung nicht aus. Trotzdem gibt es genug andere Kombinationsmöglichkeiten und Sie können leicht auf diese Partnerschaften im Garten verzichten.

Petersilie und Gartenkresse – Kopfsalat

Petersilie und Gartenkresse scheiden aggressive ätherische Öle aus, die zwar manche Schadinsekten vertreiben, andererseits aber auch Nachbarpflanzen beeinträchtigen können. Am meisten leidet der Kopfsalat unter ihrer Nachbarschaft. Er bildet oft gar keine Köpfe aus, sondern beginnt vorzeitig zu schießen. Andererseits ist Petersilie für Tomaten ein guter Partner.

Spinat – Rote Bete/Mangold

Alle Pflanzen gehören zur Familie der Gänsefußgewächse. Das bedeutet, dass die Nährstoffe von ihnen in

> ### Merke:
> Nicht immer, wenn Kopfsalat schießt, muss aber Petersilie oder Kresse in der Nähe „Schuld" sein. Oft sind es auch die länger werdenden Tage, die den Schossreiz auslösen, wenn nämlich eine falsche Sorte zur ungünstigen Zeit gepflanzt wurde, beispielsweise eine Frühjahrssorte im Sommer.

Auch Blumen und Kräuter an den Rändern tragen zum gesunden Aufwuchs der Gemüsekulturen bei

gleicher Weise ausgenutzt werden, so dass keine gegenseitige Ergänzung möglich ist. Außerdem werden sie von den gleichen Schädlingen und Krankheiten befallen. Zum einen sind es Nematoden (Fadenwürmer), die vom Boden aus die Wurzeln befallen, daran saugen und dadurch verursachen, dass die Pflanzen kleiner bleiben. Zum anderen sind es die Pilze des Falschen Mehltaus, die sich oberirdisch auf den Pflanzen ausbreiten. So wird Spinat in der Nachbarschaft von Roten Beten eher von Falschem Mehltau befallen. Deswegen sollte man Spinat, Mangold und Rote Bete nicht miteinander kombinieren.

Gurken – Tomaten

Obwohl beide Pflanzen von ihren Wärmebedürfnissen her sehr gut

Mischkultur auf Beeten

zusammen im Gewächshaus gezogen werden können, sollten sie nicht zu dicht nebeneinander stehen. Es kommt nämlich vor, dass kräftige Tomatenpflanzen die dicht daneben stehenden Gurken verkümmern lassen. Im nächsten Jahr bleiben die Gurken Sieger. Sie bilden kräftiges Laub und lange Ranken aus, doch die Tomaten kümmern und gehen sogar ein, sobald die Gurkenranken sie erreichen. Im Freiland tritt die ungünstige Beeinflussung nicht in Erscheinung, wenn Sie die Abstände zwischen beiden Kulturen so wählen, dass sie sich auch im Spätsommer nicht gegenseitig berühren.

Tomaten – Immergrün

Bepflanzt man die Zwischenräume der Tomaten mit Immergrün (*Vinca minor/major*), verkümmern die Tomaten. Den gleichen Effekt rufen ausgehackte Immergrünranken hervor, die als Bodenbedeckung zwischen die Tomaten gelegt werden. Eine Ursache für diese Wirkung ist allerdings noch nicht bekannt.

Die besondere Hemmwirkung von Wermut

Wermut hemmt in seiner näheren Umgebung fast alle Gemüsepflanzen, Kräuter und Blumen. Der Botaniker BOAS hat in Versuchen nachgewiesen, dass die wachstumshemmende Wirkung des Wermut im freien Feld erst nach 130 cm Entfernung erlischt. Sogar Regenwürmer nehmen vor den Wermutwurzeln Reißaus. Aus diesem Grund sollten Sie in Ihrem Mischkompost immer nur einen kleinen Anteil Wermutabfälle einbauen. In der Regel braucht der Wermut also einen Einzelplatz im Garten. Der Abstand zu anderen Gewächsen soll mehr als eine Beetbreite betragen.

Schafgarbe, zwischen Wermut und andere Nachbarn gesetzt, reduziert die ungünstige Beeinflussung des Wermut. Auch Salbei wird von der Hemmwirkung des Wermut nicht beeinträchtigt und wuchert dicht bis an die Staude heran, ohne Wachstumsstörungen zu zeigen. Für die Schwarze Johannisbeere ist der Wermut sogar eine positive Nachbarpflanze, denn er schützt die Sträucher vor dem Johannisbeersäulenrost.

Wer diese Kombinationen meidet, kann beim Zusammenstellen eines Gartenplanes nicht viel falsch machen. So wünsche ich Ihnen viel Freude an der Planung Ihres Gemüsegartens und beim Ausprobieren weiterer Kombinationen.

Fruchtfolge und Mischkultur

Neben der Kulturfolge, dem Aufeinanderfolgen von Kulturpflanzen im Laufe eines Gartenjahres, sollte den Haupt- oder Leitkulturen, also denjenigen, die den Platz weitgehend während der ganzen Vegetationsperiode einnehmen, eine zumindest dreijährige Fruchtfolge eingeräumt werden. Sobald Sie nur drei Beete haben, ist das leicht möglich, denn Sie können jedes Jahr die komplette Beetbepflanzung auf das Nachbarbeet verschieben. Ein Beispiel soll dies verdeutlichen (siehe Seite 73):

Fruchtfolge und Mischkultur

Empfehlenswerte Pflanzpartner im Gemüsegarten

Gemüseart	günstige Nachbarschaft	ungünstige Nachbarschaft
Aubergine	Kohlarten, Ringelblumen, Salat, Spinat	Erbsen, Fenchel, Kartoffeln, Tomaten, Paprika, Rote Bete
Blumenkohl/Brokkoli	Buschbohnen, Büschelschön, Sellerie, Tomaten	Zwiebeln, Kohlarten, Kartoffeln
Buschbohnen	Baldrian, Bohnenkraut, Borretsch, Dill, Erbsen, Erdbeeren, Gurken, Kartoffeln, Kohlarten, Mangold, Radieschen, Rettich, Rhabarber, Rote Bete, Sellerie, Tomaten	Fenchel, Stangenbohnen, Zwiebeln, Lauch
Chinakohl	Bohnen, Erbsen, Kohlrabi, Spinat	Radieschen, Rettich
Endivien	Fenchel, Kohlarten, Möhren	keine bekannt
Erbsen	Kohlarten, Möhren, Radieschen, Rettich, Rhabarber, Salat, Spinat	Bohnen, Erbsen, Frühkartoffeln, Lauch, reifender Roggen, Tomaten, Zwiebeln
Fenchel	Salat, Endivien, Gurken	Bohnen, Kohlrabi, Tomaten
Frühkartoffeln	Blumenkohl, Buschbohnen, Borretsch Frühkohl, Pfefferminze	Auberginen, Erbsen, Paprika, Rote Bete, Tomaten
Gurken	Basilikum, Dill, Fenchel, Kopfsalat, Sellerie, Spinat, Stangenbohnen, Zwiebeln	Radieschen, Rettich
Kartoffeln (s. auch Frühkart.)	Ackerbohnen, Borretsch, Buschbohnen, Farnkraut, Frühkohl, Meerrettich, Pfefferminze, Spinat	Erbsen, Rote Bete, Salat, Sellerie, Tomaten
Knoblauch	Erdbeeren, Gurken, Lauch (Porree), Möhren, Obstbäume, Rosen, Tomaten, Zwiebeln	Bohnen, Kohlarten
Kohlarten	Borretsch, Buschbohnen, Erbsen, Möhren, Büschelschön, Rhabarber, Ringelblume, Salat, Salbei, Sellerie, Spinat, Studentenblume, Tomaten	Kohlarten, Veilchen, Raps, Zwiebeln, Knoblauch
Kohlrabi	Bohnen, Erdbeeren, Erbsen, Lauch (Porree), Rote Bete, Salat, Spinat, Tomaten	Fenchel
Kopfsalat	Bohnen, Borretsch, Dill, Erbsen, Gurken, Kohlrabi, Kohl, Radieschen, Rettich, Schwarzwurzeln, Spinat, Tomaten	Gartenkresse, Petersilie, Sellerie
Mangold	Buschbohnen, Kohlarten, Möhren, Radieschen, Rettich	Spinat, Rote Bete, Rüben
Meerrettich	Kartoffeln, Obstbäume	Wein

Mischkultur auf Beeten

Empfehlenswerte Pflanzpartner im Gemüsegarten (Fortsetzung)		
Gemüseart	günstige Nachbarschaft	ungünstige Nachbarschaft
Möhren	Endivien, Erbsen, Dill, Knoblauch, Kohl, Kresse, Lauch (Porree), Radieschen, Rettich, Salat, Schnittlauch, Studentenblume, Tomaten, Zwiebeln	Pfefferminze, Möhren
Lauch (Porree)	Erdbeeren, Knoblauch, Möhren, Schwarzwurzeln, Sellerie	Bohnen, Erbsen
Paprika	Brennnesseln, Gurken (bei der Anzucht), Kohlarten, Petersilie, Ringelblume, Senf	Tomaten, Kartoffeln
Radieschen/Rettich	Bohnen, Erdbeeren, Kresse, Möhren, Salat, Schwarzwurzeln, Tomaten	Gurken, Zucchini
Rhabarber	Bohnen, Kohlarten, Salat, Spinat	keine bekannt
Rote Bete	Bohnen, Bohnenkraut, Dill, Zwiebeln	Kartoffeln, Mangold, Spinat
Schwarzwurzeln	Bohnen, Kohl, Lauch (Porree), Radieschen, Rettich, Salat	keine bekannt
Sellerie	Blumenkohl u.a. Kohlarten, Bohnen, Lauch (Porree), Spinat, Tomaten	Kartoffeln, Mais, Sellerie
Spargel	Bohnen, Dill, Kohlrabi, Salat	keine bekannt
Spinat	Bohnen, Erbsen, Erdbeeren, Kohl, Radieschen, Rettich, Salat, Tomaten, Beerensträucher	Mangold, Rote Bete, Spinat
Stangenbohnen	Bohnenkraut, Gurken, Ringelblumen, Rote Bete, Salat, Sellerie, Spinat, Studentenblume	Buschbohnen, Erbsen, Lauch (Porree), Zwiebeln
Tomaten	Bohnen, Kohlarten, Möhren, Lauch (Porree), Petersilie, Ringelblume, Salat, Sellerie, Senf, Spinat, Studentenblume, Zwiebeln	Erbsen, Fenchel, Kartoffeln, Rote Bete
Zucchini	Basilikum, Bohnen, Kamille, Zwiebeln	Gurken
Zuckermais	Bohnen, Erbsen, Gurken, Kürbis, Büschelschön, Spinat	keine bekannt
Zwiebeln	Dill, Gurken, Knoblauch, Majoran, Möhren, Rosen, Salat, Tomaten, Obstbäume	Bohnen, Erbsen, Kohl, Lauch (Porree)

Fruchtfolge und Mischkultur

Erstes Jahr

Beet 1
Vorkultur: Spinat
Hauptkultur: Sellerie und Spätkohl
Nachkultur: Senf, wenn das Beet nicht zu spät geräumt wird, sonst keine

Beet 2
Vorkultur: Radieschen und früher Salat
Hauptkultur: Strauchbohnen, Rote Bete, Schnittsalat
Nachkultur: Feldsalat

Beet 3
Vorkultur: keine
Hauptkultur: frühe Möhren und Erbsen, Zwiebeln
Nachkultur: Endivie, Herbstradieschen

Zweites Jahr

Beet 1
Vorkultur: keine
Hauptkultur: frühe Möhren und Erbsen, Zwiebeln
Nachkultur: Endivie, Herbstradieschen

Beet 2
Vorkultur: Spinat
Hauptkultur: Sellerie und Spätkohl
Nachkultur: Senf, wenn das Beet nicht zu spät geräumt wird, sonst keine

Beet 3
Vorkultur: Radieschen und früher Salat
Hauptkultur: Strauchbohnen, Rote Bete, Schnittsalat
Nachkultur: Feldsalat

Drittes Jahr

Beet 1
Vorkultur: Radieschen und früher Salat
Hauptkultur: Strauchbohnen, Rote Bete, Schnittsalat
Nachkultur: Feldsalat

Beet 2
Vorkultur: keine
Hauptkultur: frühe Möhren und Erbsen, Zwiebeln
Nachkultur: Endivie, Herbstradieschen

Beet 3
Vorkultur: Spinat
Hauptkultur: Sellerie und Spätkohl
Nachkultur: Senf, wenn das Beet nicht zu spät geräumt wird, sonst keine

Bei dieser Planung kommt jede Kombination nur alle drei Jahre auf das selbe Beet. So können Sie auch die Ansprüche solcher Gemüsearten berücksichtigen, die auf Fruchtwechsel angewiesen sind.

Ausnahmen von der Regel der Fruchtfolge bilden die Tomaten, die gut selbstverträglich sind und mehr als zehn Jahre hintereinander auf dem selben Platz angebaut werden können – vorausgesetzt, der Boden ist humusreich und nicht mit den pilzlichen Erregern der Korkwurzel- oder Welkekrankheit angereichert.

Auch Stangenbohnen lassen sich jahrelang auf dem gleichen Gartenstück anbauen, sofern der Boden regelmäßig mit gutem Kompost versorgt und mit Humus angereichert wird. Deshalb können Sie getrost feste Vorrichtungen aus Stahl zum Stützen der Tomaten und Hochwinden der Bohnen anbringen, die auch über Winter stehen bleiben und jedes Jahr wieder für die gleiche Kultur benutzt werden können.

Fruchtfolge und Mischkultur

Empfehlenswerte Vor- und Nachkulturen im Gemüsebau		
Gemüseart	günstige Vorkultur	günstige Nachkultur
Aubergine	früher Kopf- u.Pflücksalat, Spinat	Senf, Gründüngungspflanzen
Blumenkohl	Spinat, Gartenkresse	Feldsalat
Buschbohnen	Frühmöhre, früher Kopfsalat, Kohlrabi, Radieschen	Feldsalat, Endivien, Grünkohl
Chinakohl	Schnittsalat, Kohlrabi, Erbsen	keine, da späte Ernte
Endivien	Buschbohnen, Möhren, Zwiebeln	keine, da späte Ernte
Erbsen	keine, da Aussaat im April	Chinakohl, Rosenkohl, Grünkohl, Endivie
Fenchel	Früherbsen, Frühkartoffeln	Senf
Gurken	Ackerbohnen, Senf	Spinat, Melde
Kartoffeln	Pfefferminze (Bodenbereiter)	Fenchel, Malve, Rosenkohl, Grünkohl, Winterroggen
Knoblauch	Hülsenfrüchte	Senf, Feldsalat
Kohlarten	Hülsenfrüchte, Radieschen, Spinat, Schnittsellerie	Feldsalat, Büschelschön, Spinat
Kohlrabi	Salat, Spinat, Radieschen	Chinakohl, Winterrettich, Feldsalat
Kopfsalat	Radieschen, Kohlrabi, frühe Erbsen	Gurken, Kohlarten, Mangold, Endivie
Mangold	Senf, Hülsenfrüchte	Feldsalat, Senf, Winterroggen
Meerrettich	Hülsenfrüchte	keine, da mehrjährig; nach der Rodung Hülsenfrüchte
Möhren	Winterlauch, Winterroggen	späte Buschbohnen, Endivien, Herbstrüben, Petersilie
Lauch (Porree)	Kohlrabi, Salat	Petersilie, Möhren (nach Winterlauch)
Paprika	Radieschen, Salat	Senf
Radieschen/Rettich	keine, da frühe Aussaat	Salat, Spätkohl, Feldsalat
Rhabarber	Hülsenfrüchte	keine, da mehrjährig
Rote Bete	Kohlrabi, Radieschen, Salat	Senf
Schwarzwurzeln	keine, da frühe Aussaat	Senf, Feldsalat
Sellerie	Hülsenfrüchte, Winterspinat	Kohl, Schnittsellerie
Spargel	Hülsenfrüchte	keine, da mehrjährig
Spinat	fast jede Pflanzenart außer Mangold und Rote Bete	fast jede Pflanzenart außer Mangold und Rote Bete
Stangenbohnen	Frühmöhren	Feldsalat
Tomaten	Kohlrabi, Senf, Spinat	Senf, Ringelblumen, Hülsenfrüchte
Zucchini	Hülsenfrüchte	Senf
Zuckermais	Senf, Spinat, Büschelschön	Senf, Büschelschön, im folgenden Jahr können fast alle Gemüsearten angebaut werden
Zwiebeln	keine, da frühe Aussaat	Endivien, Herbstrüben, Petersilie

Stelldichein von Kräutern und Blumen

Ein- und Zweijährige

Diese kurzlebigen Pflanzen kommen dem rasch wechselnden Bild im Mischkulturengarten sehr entgegen; viele von ihnen lassen sich ideal mit-, vor- oder hintereinander kombinieren.

Kräuter

Basilikum (*Ocimum basilicum*)
Das wärmebedürftige Kraut muss vorgezogen werden. Im März/April säen Sie die Samen in Schalen oder Blumentöpfe aus und stellen diese ans Fenster eines mäßig warmen Zimmers. Basilikum ist ein Lichtkeimer und darf nur leicht angedrückt, aber nicht mit Erde bedeckt werden. Nach den Eisheiligen setzt man die Pflanze zusammen mit vorgezogenen Gurken ins Freiland. Das Kraut wird rechts und links entlang der Gurken im Abstand von 10 bis 15 cm zur Gurkenreihe ausgepflanzt. Haben Sie genügend Basilikumpflanzen, so können Sie das Kraut jeweils in die Zwischenräume zu den Gurkensetzlingen (etwa alle 40 cm) pflanzen. So können die Gurken später um das Kraut herumranken und werden vor **Mehltau** geschützt. Sind weniger Pflanzen vorhanden, so reichen auch Abstände von 60 bis 80 cm innerhalb der Basilikumreihen.

Bohnenkraut (*Satureja hortensis*)
Bohnenkraut, im Volksmund wegen seiner Schärfe auch Pfefferkraut genannt, wird an die Ränder der Bohnenreihen ausgesät. Dort erhöht es das Aroma der Bohnen, verbessert ihren Geschmack und hält sie weitgehend frei von **Schwarzen Läusen**. Salat und Rote Bete beeinflusst es ebenfalls günstig. Im März/April können Sie das Kraut vorziehen und später zwischen die Busch- und Stangenbohnen pflanzen. Günstiger ist es aber, direkt nach den Maifrösten ins Freiland zu säen, entweder an die Ränder der Bohnen- oder Salatreihen oder zwischen Bohnen und Rote Bete, die ja selbst vorteilhaft in Mischkultur nebeneinander stehen. Der Abstand zwischen Bohnen

> **Basilikum & ...**
> Basilikum steht gut zwischen spät auszupflanzenden Kulturen wie Gurken, Zucchini, Tomaten und Fenchel. Bei uns verwendet man es gerne als Partner für Gurken. Neben Basilikum gepflanzte Gurken tragen reich und bleiben lange von Mehltau verschont.

> **Tipp**
> Ein Aufguss oder Tee aus Bohnenkraut können Sie wegen seiner Schärfe sogar als Spritzmittel gegen Hausungeziefer benutzen.

Stelldichein von Kräutern und Blumen

Der würzige Geruch des Bohnenkrautes hält Schwarze Läuse von den Bohnen fern

und Roten Beten braucht dabei nicht verändert zu werden, das Bohnenkraut begnügt sich mit den Zwischenräumen. Auch an den Rändern anderer Gemüsearten (Kohlrabi, Blumenkohl, Endivie) wirkt sein Duft günstig auf die Gesundheit der Nachbarpflanzen. Es empfiehlt sich, jeweils nur wenig in 14-tägigen Abständen zu säen. Auf diese Weise haben Sie immer frisches Kraut zur Verfügung.

Borretsch (*Borago officinalis*)
Der Borretsch erweist sich als außerordentlich **schädlingsabweisend** bei Kohlrabi und anderen Kohlarten. Durch die haarigen Blätter wird er auch von **Schnecken** gemieden. Allerdings kann er in der Gemüsereihe durch seine enorme Wüchsigkeit und sein Durchsetzungsvermögen den Nachbarpflanzen schaden, deshalb wird er an die Ränder der Beete und Reihen verbannt. Auch an den Rändern der Kartoffelreihen, Erbsen, Buschbohnen und bei Salat und Endivien hat er sich bei uns bewährt. Um immer frisches Grün ernten zu können, sollten Sie Folgesaaten bis in den Herbst hinein ausbringen. So können sogar Endivien- und Feldsalat an Geschmack gewinnen. Da die blühende Pflanze eine ausgezeichnete **Bienenweide** ist, sollte jeder Bienenfreund eine Borretschpflanzung im Garten haben.

Eine Aussaat ist nur im ersten Jahr nötig, dann sät er sich selber aus und bleibt dem Garten lange treu. Ins Vorzuchtbeet können Sie ihn schon im Februar/März säen, ins Freiland einen Monat später sehr dünn, denn man braucht nur wenig.

Brennnesseln (*Urtica dioica*)
Vorteilhaft wirkt sich eine Brennnesselpflanzung auf alle Kräuter aus, deren

Die dekorativen, blauen Blütensterne des Borretsch eignen sich gut zum Verzieren von Salatplatten

Hauptwirkstoffe ätherische Öle sind. Dadurch steigert sich deren Gehalt an ätherischen Ölen. Ganz auffällig ist dies bei der Pfefferminze. Man kann die Brennnesseln reihenweise zwischen die Kräuter säen oder geschnittene Brennnessel als Mulchmaterial um die Pflanzen legen. Auch unter alternden Obstbäumen wirkt die Brennnessel belebend und wohltuend.

Dill (*Anethum graveolens*)
Dill wächst überall, und wo er sich einmal ausgesät hat, kommt er immer wieder. Er braucht viel Sonne und lockeren Boden. Wegen seines guten Einflusses sollten Sie ihn zwischen das Gemüse säen, nicht auf ein eigenes Beet. Geht er zu dicht auf, so vereinzelt man die jungen Pflänzchen auf 30 bis 35 cm oder man verwendet die ausgezogenen Pflanzen direkt in der Küche. Bei uns wird er vor allem Möhren als Auflaufhilfe mitgegeben. Dazu mischt man Dillsamen mit Möhrensamen etwa im Verhältnis 1:4. Der keimende Dill bewirkt, dass auch die Möhrensamen gleichmäßiger und schneller keimen. Sobald der Dill dann die Möhren überragt, wird er herausgezogen und in der Küche verwendet.

Auch zwischen Gurken, Kohlarten, Roten Rüben und Zwiebeln wirkt Dill sich vorteilhaft aus. Sät man ihn zwischen Dicke Bohnen, so finden kaum **Schwarze Läuse** zu den sonst dafür so anfälligen Bohnen.

Will man vom Dill nur das Grün verwenden, zieht man ihn schon im Juli heraus, verwendet ihn frisch oder friert das klein gehackte Grün ein. Legt man Wert auf die Samenernte, so bleibt er bis zum September stehen – die

Gartenkresse und Schnittsalat dienen im Frühjahr als Vitaminspender für die Küche und nutzen den Platz im Garten als Vorkultur zu den erst im Mai zu säenden Bohnen und Roten Beten

Samen sind reif, wenn sich die Dolden hellbraun verfärben.

Gartenkresse (*Lepidium sativum*)
Gartenkresse ist gerade im Frühjahr ein wichtiger Vitaminspender in der Küche. Sie ist im Garten wegen ihrer aggressiven ätherischen Öle aber nicht überall einsetzbar. Als Randpflanze auf einem Möhren-Erbsenbeet ist sie jedoch zu empfehlen, weil sie die **Möhrenfliege** abhält.
Auf Baumscheiben dient die Kresse der Abwehr von **Läusen**, auch Blutläusen. Zu Kopfsalat sollte man sie jedoch

nicht säen, da sie ebenso wie die Petersilie den Salat zum Schießen bringen kann.

Kamille (*Matricaria chamomilla*)
Kamille bereitet den Boden von Brachland, beispielsweise Bau- oder Ruderalflächen, für nachfolgende Gewächse auf. Sie selbst will einen möglichst trockenen und warmen Standort, um hohe Gehalte an heilwirksamen ätherischen Ölen zu entwickeln. Zu Blumen passt die Kamille schlecht. Ein Blumenstrauß, in welchen die Kamille eingebunden ist, wird schneller welken. An den Rändern von Bohnen und Erbsen oder zwischen Salat und Spinat fördert sie deren **Widerstandskraft gegen Pilzkrankheiten**. Auch auf das **Wachstum** der Tomaten und auf das **Aroma** der Früchte hat sie einen ausgesprochen günstigen Einfluss. Die Kamillepflänzchen werden im Herbst oder zeitigen Frühjahr neben die künftigen Tomatenreihen gesät und zeitig in der Blüte zur Verwendung in der Hausapotheke geerntet und getrocknet.

Kapuzinerkresse (*Tropaeolum majus*)
Die aus Südamerika stammende Kapuzinerkresse ist mit ihren gespornten roten, orangen und gelben Blüten nicht nur eine Zierde im sommerlichen Garten, sondern hat noch viele andere gute Eigenschaften. Wenn die Nachtfröste nicht mehr drohen, sät man sie in Abständen von 10 cm ins Freiland, wo sie sich auch selbst immer wieder aussät. Wer eher blühende Pflanzen haben will, muss sie vorziehen und nach den Eisheiligen auspflanzen. Durch ihren etwas scharfen Geruch wehrt sie Schadinsekten, vor allem **Läuse** – die Blutlaus inbegriffen – ab und soll deshalb vor allem unter Obstbäumen aller Art angebaut werden. Sie blüht von Juli bis Oktober. Wurde sie vom ersten Herbstfrost vernichtet, lässt man sie an Ort und Stelle als ausgezeichnete Bodendecke zur Bildung der Frühjahrsgare liegen.

Außer unter Obstbäume kann die Kapuzinerkresse auch an die Ränder von Stangenbohnen, Tomaten oder zwischen Kohlgewächse gesetzt werden. Allerdings sollte man dafür auf klein bleibende, eher Boden deckende Sorten der Art zurückgreifen.

Kerbel (*Anthriscus cerefolium*)
Kerbel eignet sich gut als Mitsaat zu Salat, Endivien und Kohlrabi. Er fördert das Wachstum, schützt vor **Mehltau**,

Kapuzinerkresse auf Baumscheiben schützt junge Obstbäume vor Läusen

Ein- und Zweijährige

> **Allroundtalent**
>
> Die runden, schildförmigen Blätter bieten sich wegen ihres hohen Vitamin-C-Gehaltes als Salatbeigabe an. Weniger bekannt ist, dass man auch die hübschen Blüten mitverzehren kann. Aus den Blättern und Stängeln der Kapuzinerkresse kann außerdem ein Auszug zur Bekämpfung der Schildlaus hergestellt werden.

Läusen, Schnecken und soll durch seinen kräftigen Geruch auch die **Ameisen** vertreiben.

Säen Sie am besten schon Ende März/Anfang April ziemlich dicht in Kästen oder Schalen oder direkt ins Freiland. Er ist nicht besonders frostempfindlich. Im Freiland dauert es jedoch zwei Wochen, bis die ersten Keimlinge kommen. Schon nach sechs Wochen können Sie die zarten Blätter schneiden, die jetzt am besten schmecken. Allerdings wächst der Kerbel nicht nach, wenn er im jungen Stadium geschnitten wird. Deshalb sät man ihn am besten alle zwei Wochen zwischen Salat und Endivien aus. Soll er größer werden oder wollen Sie die Samen ernten, so muss der Abstand zur nächsten Salat- oder Endivienpflanze 30 cm betragen. In die Zwischenräume lassen sich im Frühjahr noch die schnell wachsenden Radieschen unterbringen, die dann, wenn der Kerbel den Platz braucht, geerntet sind.

Knoblauch (*Allium sativum*)
Knoblauch hat wegen seines penetranten Duftes viele Feinde. Gerade wegen des durchdringenden Geruches ist er aber der beste Freund der Rose und darf unter den Kräutern, die den Garten gesund halten, nicht fehlen.

Besorgen Sie sich kleine Steckzwiebeln, so genannte „Zehen", und legen Sie diese im März/April oder im September/Oktober auf 20 bis 30 cm Abstand in gut gelockerten, mit reifem Kompost versorgten Boden. Für eine Herbstpflanzung eignet sich abgeerntetes Hülsenfruchtland gut.

Knoblauch wirkt **Schimmel abwehrend** zwischen Erdbeeren, zwischen Möhren schützt er vor **Sklerotiniafäule** und hält die **Möhrenfliege** noch sicherer ab als Zwiebeln. Kleingeschnittene Zehen schützen vor **Vogelfraß**, wenn sie in knospenden Büschen aufgehängt werden. Um Lilien und junge Obstbäume gesetzt, hält Knoblauch **Wühlmäuse** ab, unter Pfirsichbäumen schützt er vor der **Kräuselkrankheit**, neben Rosen intensiviert er deren Duft, was schon seit dem 16. Jahrhundert in der Provence genutzt wurde.

Königskerze (*Verbascum thapsus*)
Königskerzen siedeln sich meist von selbst dort an, wo der Boden hart und verfestigt ist. Mit ihren langen Pfahlwurzeln können sie Bodenverdichtungen aufbrechen. Überall dort, wo die Königskerze sich ansiedelt, darf sie deshalb auch stehen bleiben. Aus einer grundständigen Blattrosette treibt sie 1 bis 1,50 m hohe Blütenschäfte, die sich je nach Art mehr oder minder stark verzweigen können. Die Blattrosetten mit ihrem grauen Filzbelag sind oft genauso schön wie die Blütenstände. Die Pflanzen lieben trockene, sonnige Standorte, vertragen aber auch vorübergehend leichte Beschat-

Stelldichein von Kräutern und Blumen

Die gelben Blüten der Königskerze ergeben zusammen mit anderen Kräutern einen wirskamen Hustentee

tung. Wenn sie sich nicht selbst im Garten ansiedeln, sät man im Frühling und verpflanzt sie dann im Frühherbst oder im nächsten Frühjahr an den vorgesehenen Platz. An Wegen, vor Mauern und neben Rosen steht sie besonders günstig.

Kümmel (Carum carvi)
Kümmel können Sie selbst in rauen Gegenden anbauen, er ist robuster als sein Ruf. Da er erst im zweiten Jahr blüht, können Sie Kümmel breitwürfig zwischen Bohnen und Erbsen aussäen. Er passt auch sehr gut zu Salat und Spinat. Kümmel liebt bearbeiteten Lehmboden, der die Feuchtigkeit hält. Er verträgt Halbschatten, aber keine stauende Nässe.

Man sät im März/April, besser noch im Herbst und bedeckt die Samen leicht mit Erde. Gehen die Pflanzen zu dicht auf, so vereinzelt man sie auf 15 bis 20 cm. Nach der Ernte der Überfrucht wird das Land von Unkräutern gereinigt, bekommt eine Kompostdüngung und eine Bodenbedeckung aus Kompost. Im Frühjahr des zweiten Jahres gibt man zeitig eine Baldrianblütenspritzung (siehe Seite 109) zur besseren Entfaltung von Blüte und Frucht. Gegen die Kümmelmotte empfiehlt sich eine Rainfarnspritzung (siehe Seite 111). Im zweiten Jahr wird zwischen den Kümmel zunächst Spinat oder Melde gesät, im Mai/Juni kann auf die freien Flächen zwischen dem Kümmel eine Senfeinsaat erfolgen. Wird der Senf zu groß, zieht man ihn aus und lässt ihn als Bodenbedeckung zwischen den Kümmelpflanzen liegen. Vom Juni bis August des zweiten Jahres ernten Sie die Samen am frühen Morgen, um das Ausfallen der Körner zu verhindern.

Majoran (Origanum majorana)
Majoran ist ein ausgesprochenes **Bienenkraut**. Deshalb passt er gut in die Nähe von Obstbäumen, jedoch nicht in den Schatten, denn die Pflanze braucht viel Sonne. Mit Zwiebeln verträgt sie sich ausgesprochen gut. Deshalb sollten Sie die vorgezogenen Pflänzchen an die Ränder der Zwiebelreihen setzen.

Die Anzucht ist nicht ganz einfach. Der Same ist Lichtkeimer und darf nicht mit Erde bedeckt werden. Wird unter Glas im Februar/März ausgesät, kann man ihn im Mai/Juni auf 20 cm Abstand auspflanzen. Man benutzt dazu eine Holzpinzette und setzt zwei bis vier der winzigen Pflänzchen in ein Pflanzloch.

Da **Ameisen** einen ausgesprochenen Widerwillen gegen Majoran haben, können Sie ihn auch dort pflanzen, wo

Ein- und Zweijährige

die kleinen Tiere ihren Bau angelegt haben. Sie werden vor seiner Nachbarschaft bald Reißaus nehmen.

Petersilie (*Petroselinum crispum*)
Man unterscheidet zwei Arten: Die Wurzel- und die Blattpetersilie. Beide brauchen nahrhaftes, mit gutem Kompost versorgtes Land und sollten so früh wie möglich ausgesät werden. Im März/April ist eine Markiersaat mit Radieschen sehr zu empfehlen. Durch den intensiven Petersilienduft werden die Radieschen weitaus weniger von **Schädlingen** befallen. Umgekehrt erleichtert der schnell aufgegangene Radieschensamen die Kulturarbeiten an der Petersilie, die wie die Möhre eine lange Keimzeit hat.

Beide Petersilienarten sollten Sie wegen ihres günstigen Einflusses auf den Geschmack der Tomaten zwischen die Reihen oder an deren Ränder setzen. Die Tomaten geben dem Würzkraut Beschattung, dieses wiederum verbessert das **Aroma** der Früchte. In manchen Fällen hat sie auch schon gegen **Schnecken** geholfen. Für schwache Nachbarpflanzen ist die Petersilie allerdings ein schlechter Partner. Ihre aggressiven ätherischen Öle bringen den Kopfsalat oft vorzeitig zum Schießen (siehe Seite 68).

Senf (*Sinapis alba*)
Die Aussaat von Senf – genauer: Gelbsenf – als Gründüngung hat sich schon lange im biologischen Gartenbau be-

Senf bedeckt im Herbst den Boden eines abgeernteten Gartenstückes

Stelldichein von Kräutern und Blumen

> **Tipp**
> Lassen Sie den Senf doch mal ausreifen: die Samenkörner können Sie zum Einlegen von Gurken und anderen süßsauren Gemüsen verwenden.

währt. Er ist überaus schnellwüchsig, kann noch spät im Jahr ausgebracht werden, lockert und schützt den Winter über den Boden und hinterlässt im Frühjahr ein bereites Saatbeet für alle nachfolgenden Kulturen. Einige Züchtungen, beispielsweise die Gelbsenfsorte 'Maxi', zeichnen sich nicht nur durch mehr Blattmasse aus, sondern wirken auch als Fangpflanze für **Nematoden**. Schon nach einmaliger Aussaat werden mehr als die Hälfte der Fadenwürmer vernichtet. Besonders gut wirken die Senfpflanzen gegen Nematodenarten, die Rüben, Mangold, Rote Bete und Spinat befallen. Daher sollten Sie vor, nach und zwischen diesen Gemüsearten immer wieder Senf einsäen.

Da der Senf zur Familie der Kreuzblütler gehört, kann er jedoch die Kohlhernie übertragen, eine gefährliche Krankheit der Kohlarten, die auch andere Kreuzblütlerarten befällt. Deshalb wird vor und nach Kohlarten auf Senf als Gründüngung verzichtet. Wenn der Boden schon lange Jahre gut mit Kompost versorgt wurde, besteht kaum Gefahr, dass durch Senf Kohlhernie übertragen wird.

Zwiebel (*Allium cepa*)

Zwiebeln haben ähnliche Wirkstoffe wie der Knoblauch, deshalb gelten für sie ähnliche Nachbarschaftsverhältnisse. Von den Kräutern liebt vor allem der Majoran die Nähe zu Zwiebel und Knoblauch. Konkrete Beispiele zu Zusammenstellungen mit Zwiebeln finden Sie auf den Seiten 35 und 51f.

Sommerblumen

Büschelschön (*Phacelia congesta*)
Wie der deutsche Name „Büschelschön" sagt, blüht *Phacelia* in Büscheln zwischen ihren fiedrig gelappten und geschlitzten Blättern. Alle Phacelien sind ausgezeichnete **Bienenweidepflanzen** und werden häufig zu diesem Zweck angebaut. Der Honigertrag ist dann stets besonders hoch.

Daneben haben sie jedoch noch andere große Vorzüge. Sie wachsen auf beinahe jedem Boden, auch auf Schutthalden und Ödland, nur darf er nicht sauer sein.

Ab April wird an Ort und Stelle gesät. Da sie einer völlig anderen Pflanzenfamilie angehören

Büschelschön lockt Bienen und Hummeln in den Garten und passt zu allen Gemüsearten

als alle unsere Gemüsepflanzen, lassen sie sich sowohl als Gründüngung, aber auch als Vor- und Nachkultur immer wieder in die Fruchtfolge einschieben. *Phacelia* eignet sich als Nachbarpflanze und Unterkultur für alle Obst- und Gemüsearten und für Rosen und Stauden.

Lupinen (*Lupinus* spec.)
Unter den Lupinen verdient vor allem die Gelbe Lupine (*Lupinus luteus*) unsere Aufmerksamkeit. Sie wird wegen ihrer geringen Ansprüche an den Boden auch gelegentlich als „Gold des Sandes" bezeichnet. Blaue und Weiße Lupinen stellen höhere Ansprüche an den Boden, sind aber dafür nicht so kalkempfindlich. Bis zur Mitte des 19. Jahrhunderts wurde die Gelbe Lupine nur als Zierpflanze angebaut. Aber noch bevor im Jahr 1888 die Stickstoff sammelnden Knöllchenbakterien an den Wurzeln der Schmetterlingsblütler entdeckt wurden, war die **düngende Wirkung** der Lupine beobachtet worden. Sie ist die ideale Vor-, Zwischen- und Nachfrucht sowie eine gute Nachbarpflanze für alle Starkzehrer unter den Gemüsearten: Neben Stickstoff schließt sie auch andere Nährstoffe (beispielsweise Phosphor) im Boden auf und macht sie pflanzenverfügbar. Ein kalkarmer Boden ist allerdings die Voraussetzung dafür. In die Furchen der Kartoffelreihen kann sie ebenso gesät werden wie zwischen Kohlreihen. Braucht man sie nicht mehr, wird sie abgesichelt und bleibt als Bodenbedeckung liegen.
Außer als Gründüngungspflanze wird sie noch als **Futterpflanze** und **Körnerfrucht** genutzt. Auch unter Obstbäumen ist die Lupine als Baumscheibenbewuchs stets willkommen. Im Allgemeinen blühen Lupinen zehn bis zwölf Wochen nach der Aussaat, die bis Mitte April am günstigsten ist. Späte Aussaaten kommen nicht mehr zur Blüte, sondern werden nur wegen ihres Wertes als Gründüngungspflanzen vorgenommen.

Ringelblume (*Calendula officinalis*)
An Anspruchslosigkeit, Blühfreudigkeit und vielfältigem Nutzen ist die Ringelblume wohl unübertroffen. Man kann sie gut zwischen Kohl- und Bohnenreihen aussäen. Doch vor allem Tomaten lieben die Nähe der Ringelblume und danken ihrem guten Einfluss mit einem **krankheitsfreien Aufwuchs** und **gutem Ertrag**. Auch als Begleitpflanze für Himbeeren und Steinobst hat sich die Ringelblume bewährt. Selbstverständlich leistet sie auch auf allen Baumscheiben gute Dienste. Besonders über ihr Wurzelwerk scheidet sie pflanzenförderliche Substanzen aus. Auch eine **Nematoden hemmende Wirkung** wird ihr zugesprochen.

Sonnenblumen (*Helianthus annuus*)
Wer liebt sie nicht, diese prachtvolle Blume, die mit ihrem riesigen Kranz von goldleuchtenden Blütenblättern alle Blicke auf sich zieht. Sie wächst in jedem guten Gartenboden, verlangt aber volle Sonne, um sich zu ihrer vollen Schönheit zu entfalten. Sie können die Sonnenblumen ab März zu mehreren in Blumentöpfen vorziehen und Mitte Mai auspflanzen. Aber auch eine Aussaat direkt ins Freiland ist möglich. Sie blühen im August/September. Sonnenblumen gehören zu den wichtigen

Sonnenblumen tun dem Boden gut, sie können flächig als Gründüngung oder zwischen dem Gemüse angebaut werden

Bodenverbesserern und sollen immer wieder in die Fruchtfolge oder Mischkultur einbezogen werden (siehe Seite 45ff.).

Studentenblume (*Tagetes patula*)
Ihre Nachbarschaft ist eigentlich für alle Gemüse- und Obstpflanzen förderlich. Zwischen Beerenobst und auf Baumscheiben sollte man sie immer wieder anpflanzen. Als Mischkultur zu Kohl, Tomaten, Stangenbohnen und Gurken sind Studentenblumen ebenfalls zu empfehlen, wobei sie Kohlpflanzen sogar in von **Kohlhernie** verseuchten Beeten vor dieser gefährlichen Krankheit schützen. Auch Versuche, Möhrenreihen durch die Nähe der Studentenblume vor der **Möhrenfliege** zu bewahren, zeigten Erfolg.

Wicke (*Lathyrus odorata*)
Wicken gehören zur Familie der Schmetterlingsblütler und reichern den Boden mit **Stickstoff** an. Sie sind also gute Vorfrüchte für Stickstoff zehrende Gemüsearten, darüber hinaus aber auch als Schnittblumen geeignet. Die Duft-Wicke oder auch Platterbse ist ein guter Partner für alle Kohlarten, Rüben, Mangold, und Spinat, weil sie deren **Wachstum** anregt und gleichzeitig den Boden mit Stickstoff versorgt. Wicken wünschen humushaltigen, kalkhaltigen, nur leicht feuchten Boden.

Säen Sie ab März direkt an Zäune, Maschendraht oder Spaliere und halten Sie bis zum Auflaufen den Boden feucht. Stehen die Pflanzen zu dicht, kann man auf etwa 15 cm ausdünnen. Am besten wird in Folgesaaten von je vier Wochen ausgesät, dann können Sie im Herbst noch Blüten schneiden.

Mehrjährige

Mit mehrjährigen Pflanzen ist eine Mischkultur schwieriger duchzuführen. Doch auch da gibt es einige, auf deren Hilfe Sie nicht verzichten sollten.

Kräuter

Baldrian (*Valeriana officinalis*)
Da der Baldrian in der freien Natur immer seltener wird und die Wurzeln ohnehin nicht entnommen werden dürfen, setzt man sich einige Pflanzen in den Garten. So können Sie zur Blütezeit den Baldrianblütenextrakt (siehe Seite 109) selbst herstellen und aufbewahren. Ausgesät wird der Baldrian Ende März oder im April, am besten in Saatkästen. Im Freiland geht er oft nicht auf, weil der Same Lichtkeimer ist, jedoch so klein, dass er zwischen die Erdteilchen hinein rieselt und vom Licht abgeschnitten ist.

Baldrian pflanzt man zu beiderseitigem Nutzen zwischen Buschbohnen oder Erbsen im Abstand von 30 bis 40 cm oder auch zwischen die Frühkartoffelreihen. Eine leichte Dillzwi-

> ### Zierde und Nutzen
> Hübsch und lebendig sieht es auch aus, die Duft-Wicken an bogenförmigen Ruten über andere Pflanzen zu ziehen. Im Sommer sind die Rankhilfen unter den rankenden Trieben und bunten Blüten kaum noch zu sehen. Sie teilen als lebendiger Zaun ein Beet in zwei Hälften, geben leichte Beschattung und reichern zudem noch den Boden mit Stickstoff an.

Stelldichein von Kräutern und Blumen

schensaat ist zu empfehlen. Überhaupt ist der Baldrian ein **gutes Zwischenkraut** für jedes Gemüse. Da er mehrjährig ist, steht er auf einem Beet mit 60 cm Reihenabständen. In diese Zwischenreihen lassen sich jedes Jahr andere Gemüsekulturen einbauen.

Estragon (*Artemisia dracunculus*)
Vom Estragon, der in keinem Garten fehlen sollte, wissen wir, dass er günstig auf das **Aroma** vieler Nachbarpflanzen einwirkt. Negative Kombinationen mit ihm sind nicht bekannt. Besonders wohltuend ist seine Nähe für Buschbohnen, Buscherbsen, Gurken, Wintersalat, Winterspinat und Baldrian.

Am günstigsten bepflanzen Sie den Rand eines Gemüsebeetes mit Estragon. Im Laufe der Jahre kommen dann unterschiedliche Gemüsearten in den Genuss seiner Nachbarschaft. Auf einem separaten Kräuterbeet hat er seinen Platz neben dem Baldrian.

Lavendel (*Lavandula angustifolia*)
Wie viele unserer Heilkräuter stammt der Lavendel aus dem Mittelmeerraum. In unserem Klimagebiet gedeiht er ebenfalls, erreicht jedoch nicht den intensiven Duft und hohen Gehalt an ätherischen Ölen wie in warmen, trockenen Gebieten Europas. Im Garten wünscht er einen sonnigen und kalkhaltigen Standort. Als Begleitpflanze zu Rosen hat sich der Lavendel besonders bewährt, da er die **Läuse** von den Rosen abhält und durch seinen Geruch auch **Ameisen** vertreibt. Die blauen, ährenförmig angeordneten Blüten passen außerdem farblich gut zu allen Rosensorten. Eine sehr dichte Lavendelhecke vermag sogar die Zuwanderung von **Schnecken** zu unterbinden. Auch als Beeteinfassung zusammen mit anderen Kräutern ist er sehr nützlich. Wie andere blühende Kräuter ist auch der Lavendel eine hervorragende **Bienenweide**.

Löwenzahn (*Taraxacum* Sect. Ruderale)
Löwenzahn kann mit seinen langen Pfahlwurzeln **Eisen** aus tieferen Bodenschichten nach oben befördern und für Bäume, die an Eisenmangel leiden, verfügbar machen. Wilder Löwenzahn im Garten muss jedoch streng unter Kontrolle gehalten werden, sonst erobert er bald das ganze Terrain. Im Frühjahr sollten Sie die gelben Blüten-

Wo Lavendel zwischen Rosen aufwächst, bleiben Läuse fern

Mehrjährige

köpfe täglich abpflücken, sobald sie aufgeblüht sind, damit sie gar nicht erst zur Samenbildung gelangen.

Meerrettich (*Armoracia rusticana*)
Der zu den Kreuzblütlern gehörende Meerrettich putzt durch seine Schärfe nicht nur den Rachen aus, sondern hilft auch im Garten gegen **Pilzkrankheiten**. Sein Platz ist daher unter Obstbäumen, die leicht von **Spitzendürre** (*Monilia*) befallen werden, nämlich unter Sauer-Kirschen. Die Ernte zwischen den Baumwurzeln ist zwar etwas schwierig und dem Verwildern ist auf diesem Platz Tür und Tor geöffnet, doch können Sie zum Gebrauch noch ein paar Pflanzen an andere Stellen des Gartens setzen.

Am einfachsten ist die Pflanzung der „Fechser" (etwa bleistiftstarke Wurzelschnittlinge) in kleine Erdwälle aus einer Mischung von lockerer Gartenerde und reifem Kompost. Für den kleinen Garten genügen auch kleine Erdhügel, etwa an den Ecken des Kartoffelstückes, denn seine Wurzeltätigkeit schafft Ausgleich im Boden gegen **Kartoffelkrankheiten**. Die geeignete Pflanzzeit ist März. Pflanzt man auf Erdwälle, so muss der Abstand in der Reihe 30 cm betragen.

Pfefferminze (*Mentha × piperita*)
Pfefferminze pflanzt man am besten unter Obstbäume. Die ganze Pflanze wird nach und nach zur lebendigen Bodenbedeckung für den Baum, vor allem im zweiten und dritten Jahr. Pflanzt man sie hier zusammen mit Zitronenmelisse und Kapuzinerkresse, wird kein Unkraut mehr durchkommen. Die Pfefferminze gedeiht auch

> **Tipp**
> Meerrettich übt eine starke Anziehungskraft auf Gartenschnecken aus, seine Wüchsigkeit und Blattmasse verkraften den Fraß jedoch recht gut. Dafür kann man unter den großen Blättern bequem morgens und abends die Schnecken absammeln.

im Halbschatten unter Bäumen recht gut, solange sie genug Feuchtigkeit erhält und die Bäume nicht von Blattläusen befallen sind. Durch die Läuse tropft oft der klebrige Honigtau auf die Blätter, Rußtaupilze siedeln sich an und die Pfefferminze ist zum Schneiden und Trocknen kaum mehr zu gebrauchen. Deshalb sollten Sie immer auch einige Pflanzen an einem sonnigen Platz im Garten haben, um frische, saubere Blätter ernten zu können. Pfefferminze steht zudem noch günstig zwischen Frühkartoffeln, denn Pfefferminze und Kartoffeln fördern sich gegenseitig. Da die Pfefferminze mehrere Jahre, die Kartoffel nur jeweils ein Jahr den Platz beansprucht, setzt man die Minze am besten an die Ränder der Kartoffelreihen. Nur muss man beim Pflanzen ihren Ausbreitungsdrang einkalkulieren.

Wer Brennnesseln im Garten hat, kann sich leicht Samen davon aufheben und diesen zwischen die Pfefferminze säen. Dadurch erhöht sich ihr Gehalt an Aromastoffen.

Pimpinelle (*Sanguisorba minor*)
Pimpinelle wirkt **stark entgiftend**, deshalb sind die Pflanzen in ihrer Nachbarschaft sehr gesund! Säen Sie sie ab

April ins Freiland. Sobald die Keimlinge sichtbar sind und sich fassen lassen, müssen Sie sie ausdünnen, denn zu dicht stehende Pflanzen gedeihen schlecht. Im Freiland sollten zwischen der Pimpinelle und dem Mischkulturenpartner mindestens 20 cm Abstand sein. In der Praxis wird sie meist an die Ränder gesät, weil sie als mehrjähriges Kraut schlecht in die jährlich wechselnde Mischkultur hineinpasst.

Sie lässt sich aber auch auf Außenbereiche von Baumscheiben sowie in Kübel von Hochstämmchen säen oder pflanzen. Dort verhilft sie der Kübelpflanze zu gesundem Wuchs und schützt die Erde vor dem Austrocknen.

Rosmarin (*Rosmarinus officinalis*)
Rosmarin ist sehr frostempfindlich und muss in unseren Breiten in einem frostfreien Raum überwintert werden. Den Sommer über steht er an einem sonnigen Platz im Garten. Zusammen mit Lavendel und Weinraute kann er zum Schutz gegen **Ameisen** und andere **Schadinsekten** zwischen Stauden und Rosen oder als Beetumrandung gepflanzt werden.

Salbei (*Salvia officinalis*)
Salbei stellt keine besonderen Ansprüche an den Boden, um so mehr an Sonne und Wärme. An einer nach Süden gerichteten Hauswand oder im Steingarten ist er gut aufgehoben. Das silbergraue Laub macht sich auch gut als Beet- oder Wegeinfassung. Sein herber Duft wehrt vor allem **Kohlweißlinge** und **Schnecken** ab. Die Wirkung wird noch verstärkt, wenn man ihn zusammen mit Thymian um Kohlbeete herum plaziert. Doch unter Obstbäumen ist Salbei fehl am Platz. Hier bekommt er selbst nicht genug Sonne und er schadet den Bäumen eher als dass er nützt.

Schnittlauch (*Allium schoenoprasum*)
Das Würzkraut steht gut an den Rändern der Möhrenreihen, da es noch wirksamer als Zwiebeln und Lauch die **Möhrenfliege** fernhält. Auch getrockneter, zerriebener Schnittlauch, an den Reihen entlang gestreut, hält die Schädlinge ab und verhilft zu madenfreien Möhren. Pflanzen Sie einzelne Horste von etwa 5 cm Durchmesser in 20 cm Abständen als Rand an Gemüsebeeten entlang. Auch als Wegeinfassung ist der Schnittlauch geeignet, nur

Blühender Schnittlauch ist zwar für die Küche nicht mehr zu gebrauchen, kann sich aber als „Zierpflanze" durchaus sehen lassen

sollte er da dichter stehen. Wenn er in die Blüte übergeht, sind die Röhren zwar nicht mehr zu gebrauchen, aber die hübschen violetten Blüten machen sich als Wegeinfassung bestens und locken Bienen und Hummeln in den Garten.

Thymian (*Thymus vulgaris*)
Der Gartenthymian bevorzugt wie sein „wilder" Verwandter (*Thymus serpyllum*) leicht erwärmbare Böden in sonniger Lage. Für Steingärten eignet er sich darum hervorragend, aber auch als Wegeinfassung und als Beetumrandung zusammen mit Ysop (*Hyssopus officinalis*) und Lavendel. Nur muss man beim Pflanzen Rücksicht auf seinen Ausbreitungsdrang nehmen, er überschreitet nur zu gern die Grenzen. Pflanzen Sie die Setzlinge in 30-cm-Abständen. In den folgenden Jahren sät er sich selber aus, Sie können den Samen aber auch sammeln.

Wermut (*Artemisia absinthium*)
Wermut pflanzen Sie am besten zu Schwarzen Johannisbeeren. Dort wirkt er wohltuend und schützt vor dem **Johannisbeersäulenrost**. Im Kräuterbeet gedeihen noch Salbei und Schafgarbe in seiner Nähe. Ansonsten übt er einen hemmenden Einfluss auf seine Nachbarpflanzen aus (siehe Seite 70).

Zitronenmelisse (*Melissa officinalis*)
Zitronenmelisse eignet sich ebenso wie die Pfefferminze gut als Bodenbedeckung unter Bäumen. Ihre angenehme Würze wirkt nicht nur verbessernd auf das **Aroma** der Früchte, sondern hält auch **Ungeziefer** fern und zieht die zur Befruchtung notwendigen Bienen an.

Die Zitronenmelisse selbst kommt dabei aber nicht ganz auf ihre Kosten und wird zudem oft noch von heruntertropfendem Honigtau verklebt, so dass noch einige Pflanzen an einem sonnigen Platz stehen sollten, um frische und getrocknete Blätter von hoher Qualität ernten zu können. Um die Gesundheit der Melisse zu erhöhen, kann man etwas Dillsamen zwischen sie einstreuen.

Zierpflanzen

Duft-Pelargonie
(*Pelargonium crispum*)
Pelargonien, auch die Duft- oder Rosenpelargonie, werden fälschlicherweise immer wieder als Geranien bezeichnet. Die Duftpelargonie ist besonders nützlich bei der Abwehr der **Weißen Fliege**. Im Gewächshaus wird sie zwischen die gefährdeten Zier- und Gemüsepflanzen platziert. Dabei gilt die Regel: Je dichter man pflanzt, um so besser ist der Schutz. Am besten setzen Sie alle 50 cm eine Duftpelargonie.

Hat man erst einmal einen Bestand, so lassen sich leicht aus den eigenen Pflanzen Stecklinge ziehen. Dadurch wird die Anzahl der Pflanzen, die man zur Verfügung hat, von Jahr zu Jahr größer.

Duft-Veilchen (*Viola odorata*)
Als Umrandung des Erdbeerbeetes üben Duft-Veilchen einen günstigen Einfluss auf die Entwicklung und das **Aroma** der Beeren aus. Auch unter Obstbäumen wirken sie wohltätig: zum einen durch ihren Duft, zum anderen weil ihr Wurzelwerk oft als

Stelldichein von Kräutern und Blumen

> **Achtung**
> Zwischen Kohlarten und Veilchen scheint eine gegenseitige Abneigung zu bestehen: Setzt man sie in ihre Nähe, so kümmern sowohl die Kohlgewächse als auch die Veilchen dahin. Manchmal richten sie sich durch ihre Ausscheidungen gegenseitig zugrunde.

Winterquartier von Marienkäfern aufgesucht wird. Die Duft-Veilchen können eine dichte Bodendecke bilden – besonders geeignet für Steinobstarten wie Reneclauden oder Eierpflaumen, die feuchtwarmen Boden bevorzugen. Will man sie nicht verwildern lassen, müssen sie von Zeit zu Zeit stark ausgelichtet werden. Wald-Erdbeeren (*Fragaria vesca*) entwickeln zwischen Veilchen an schattigen Stellen ein besonders kräftiges Aroma.

Maiglöckchen (*Convallaria majalis*)
Maiglöckchen sind Pflanzen des Waldrandes und lichten Schattens. Sie gehören aber ebenso unter Obstbäume, vor allem Kirschbäume, mit denen sie auch in der freien Natur zusammen vorkommen. Sie fördern deren **Fruchtbarkeit** und **Widerstandskraft** gegen Krankheiten und Schädlinge.

Diese Beschreibung trifft ebenfalls auf den Waldmeister (*Galium odoratum*) zu.

Narzisse (*Narcissus* spec.)
Im ihrem Namen steckt das griechische Wort „narcao", d.h. „ich betäube". Wegen des starken Duftes vertreiben die Narzissen zwischen Stauden und unter jungen Obstbäumen die **Wühlmäuse**. Ihre Zwiebeln strömen einen widerlichen Geruch aus, der die Wühlmäuse abschreckt. Setzen Sie sie deshalb am besten in die Nähe von wühlmausgefährdeten Pflanzen, beispielsweise an jung gepflanzte Obstbäume und neben Krokuszwiebeln. Selbstverständlich kann man auch den ganzen Garten mit Narzissen und Kaiserkronen einfassen. Günstigste Pflanzzeit ist September bis Oktober.

Topinambur (*Helianthus tuberosus*)
Topinambur ist verwandt mit der Gartensonnenblume, entwickelt aber nur kleine Blüten, dafür allerdings die vielseitig verwendbaren unterirdischen Knollen. An den Standort stellen die Pflanzen keinen hohen Anspruch. Sie können als lebendiger Zaun und Windschutz entlang der Grundstücksgrenze gepflanzt werden. Säen Sie als Bodenbedeckung zwischen den einzelnen Pflanzen Büschelschön, Buchweizen oder Wicken. Die Wicken ranken sich an ihnen hoch und beleben das Gartenbild. Außerdem kommen sie als Stickstoff sammelnde Pflanzen den Nährstoffansprüchen des Topinambur entgegen. Werden im Mai die Topinamburtriebe sichtbar, sät man Stangenbohnen um sie herum. Sie können als Schmetterlingsblütler ebenfalls Stickstoff im Boden fixieren. Im Gegenzug dienen die Topinamburstängel als Stangen und geben den Bohnen Halt. Allerdings darf man dann nicht die Sorte 'Gigant' verwenden, weil sie nicht sehr standfest ist. Entweder im Herbst (November) oder im April des Folgejahres wird das Beet dann neu angelegt.

Mehrjährige

Kräuter und Blumen im Mischkulturengarten

Pflanzenart	Platz im Mischkulturengarten	ungünstige Nachbarschaft
Anis ☉	Möhren, Brennnessel	nicht bekannt
Baldrian ♃	Buschbohnen, Brennnesseln, Dill, Erbsen, Frühkartoffeln, Kohlarten	Wermut
Basilikum ☉	Gurken, Tomaten, Fenchel, Zucchini, Brennnesseln	Wermut
Brennnessel ♃	Baldrian, Basilikum, Beerensträucher, Obstbäume, Pfefferminze, Majoran, Salbei, Senf	keine bekannt
Bohnenkraut ☉	Bohnen, Rote Bete, Salat, Mangold	keine bekannt
Bergbohnenkraut ♮	Ränder von Bohnenreihen, Ränder von Gemüsebeeten	Wermut
Borretsch ☉	Buschbohnen, Erbsen, Salat, Kohlarten (Ränder), Kartoffeln	in Gemüsebeeten nicht zur Blüte kommen lassen, sonst setzt er sich auf Kosten der Nachbarpflanzen durch
Comfrey/Beinwell ♃	eigenes Beet	Gras
Dill ☉	Baldrian, Bohnen, Gurken, Möhren, Kohl, Rote Bete, Salat, Spargel, Zwiebel	Wermut, Salbei
Estragon ♮	Bohnen, Erbsen, Gurken, Liebstöckel, Salat, Spinat; da mehrjährig, besser an die Ränder	keine bekannt
Fenchel ☉	Basilikum, Gurken, Salat	Kümmel, Bohnen, Tomaten, Wermut, Kohlrabi
Gartenkresse ☉	Beerensträucher, Erdbeeren, Möhren, Obstbäume, Radieschen, Spinat, Tomaten	Kopfsalat
Iris ♃	Ringelblume, nicht rankende Kapuzinerkresse, Lavendel	Kamille, Wermut
Kamille ☉	Kartoffeln, Porree, Rosenkohl, Sellerie, Tomaten, Zwiebel, Zucchini	Stauden, Sommerblumen
Kapuzinerkresse ☉	Baumscheiben, Beerensträucher, Bohnen, Kohl, Lilien, Rosen, Tomaten	keine bekannt
Kerbel ☉	Salat, Gurken	Radieschen (werden scharf)
Knoblauch ☉	Erdbeeren, Kräuter, Lilien, Rosen, Möhren, Obstbäume, besonders Pfirsich, Tomaten, Tulpen, Wein, Zwiebel	keine bekannt
Königskerze ☉	Beetränder, verhärteter Boden	keine bekannt

Stelldichein von Kräutern und Blumen

Kräuter und Blumen im Mischkulturengarten (Fortsetzung)		
Pflanzenart	Platz im Mischkulturengarten	ungünstige Nachbarschaft
Kümmel ☉	Bohnen, Erbsen, Spinat, Gurken, Kamille, Kartoffeln, Petersilie, Salat, Rote Bete, Sellerie	Fenchel, Kohl, Wermut
Lavendel ♄	Rosen, Lilien, Iris	Wermut
Liebstöckel ♃	Einzelplatz oder zu Estragon, Wein	Wermut
Lilien ♃	Kapuzinerkresse, Knoblauch, Lavendel, Ringelblume, Zwiebel, Büschelschön	Spargel
Löwenzahn ♃	Obstbäume, Rhabarber	keine bekannt
Lupinen ☉ ♃	Blattgemüse, Kohlarten, Kartoffeln, Tomaten, Gurken, Möhren, Rote Bete, Sellerie, Spargel, Spinat, Obstbäume und Sträucher	keine bekannt
Maiglöckchen ♃	Einzelgänger, unter Bäumen, Waldmeister	Rosen, Tulpen
Majoran ☉	Brennnessel, Gurken, Zwiebeln, Zucchini	Wermut
Malve ☉ ♃	Kartoffeln (einj. Art), Staudenbeete oder Ränder	Wermut
Melisse ♃	Obstbäume, Wein, Pfefferminze, Brennnessel	Goldmelisse, Wermut
Nelken ♃	Sonnenblumen, Glockenblumen, Ränder von Baumscheiben	Rosen
Petersilie ☉	Erdbeeren, Möhren, Winterlauch, Tomaten, Zwiebel, Schnittlauch	Salat, Rote Bete
Pfefferminze ♃	Brennnesseln, Kartoffeln, Obstbäume, Erdbeeren, Tomaten, Salat, Kohl, Rosen	Wermut
Büschelschön ☉	Rosen, Kohlarten, Kartoffeln, Zuckermais, Bohnen, Erbsen, Lilien, Beerensträucher	keine bekannt
Pimpinelle ♃	Beetränder, sorgt für Entgiftung des Bodens	keine bekannt
Ringelblume ☉	Tomaten, Erbsen, Bohnen, Gurken, Kohl, Obstbäume, Beerensträucher, Iris, Lilien, Rosen	keine bekannt
Rosen ♄	Knoblauch, Kapuzinerkresse, Lavendel, Pfefferminze, Ringelblume, Studentenblume, Zwiebel, Lilien, Rittersporn, Büschelschön, Tulpen	Obstbäume, Thuja, Immergrün, Reseden, Maiglöckchen, Nelken
Roter Fingerhut (giftig) ☉	Beerensträucher, Obstbäume	keine bekannt

Mehrjährige

Kräuter und Blumen im Mischkulturengarten (Fortsetzung)		
Pflanzenart	Platz im Mischkulturengarten	ungünstige Nachbarschaft
Rosmarin ☉ ♭ (nicht frosthart)	zwischen Stauden und Rosen, Beetumrandung	Wermut
Salbei ♭	Wermut, Kohl (Ränder), Brennnesseln	Muskatellersalbei, Obstbäume, Salat
Schafgarbe ♃	als Isolierpflanze zu Wermut, Beerenobst	keine bekannt
Schnittlauch ♃	Ränder der Möhrenreihen, Pimpinelle, Beetränder, Petersilie, Tomaten, Obstbäume	Bohnen, Wermut
Schnittsellerie ☉	Kohl, Rettich	Sellerie
Senf ☉	Beerensträucher, Brennnesseln, Tomaten, Dahlien, Erdbeeren, Obstbäume, Rittersporn, Spinat, Taglilien, Tomaten	Kohl bei leichten Böden, Kreuzblütler
Sonnenblume ☉	Nelken, Pfirsich, Kohlgewächse, Gartenränder	keine bekannt
Studentenblume ☉	Bohnen, Erdbeeren, Möhren, Rosen, Kohl, Obstbäume	keine bekannt
Thymian ♭	Möhren, Kohl (Beetränder), Stauden, Rosen	Wermut
Topinambur ♃	Stangenbohnen, Büschelschön, Buchweizen, Wicken	Gras
Tulpen ♃	Knoblauch, Thuja, Zwiebeln	Maiglöckchen
Veilchen ♃	Erdbeeren, Obstbäume	Kohl
Weinraute ♃	Staudenrabatten, Rosen	Wermut
Wermut ♭	Johannisbeeren, Salbei, Schafgarbe	Basilikum, Fenchel, Ysop, Kümmel, Liebstöckel, Melisse, Obstbäume, u. a.
Wicke ☉	Himbeeren, Johannisbeeren, Porree, Salat, Spinat, Stachelbeeren, Kohl	Kartoffeln
Ysop ♭	Thymian, Salbei, Lavendel	Wermut

☉ = einjährig
⊙ = zweijährig
♃ = mehrjährig (Staude)
♭ = mehrjährig (Halbstrauch)
♭ = mehrjährig (Strauch)

Mischkulturen im Obstbau

Zwar lassen sich im Obstgarten keine jährlich wechselnden Mischkulturen durchführen, da Bäume und Sträucher nun einmal viele Jahre an ihrem Platz bleiben. Die Unterpflanzungen jedoch können wechseln und so gewählt werden, dass sie für die Gehölze und sonstigen Obstarten von Vorteil sind. Erdbeeren und Rhabarber können am leichtesten in die Mischkultur einbezogen werden.

Die Erdbeeranlage

Die beste Zeit zum Einbringen von Erdbeerpflanzen ist der August. Pflanzen Sie gut bewurzelte Ausläufer in Abständen von 30 bis 40 cm in der Reihe. Von Reihe zu Reihe hat sich ein Abstand von 1 m bewährt, der Zwischenpflanzungen bis in den Winter hinein zulässt. Nachdem im August die neuen und alten Pflanzungen gut gelockert und mit nährstoffreichem Kompost versorgt wurden, können Neueinsaaten und Pflanzungen von Herbst- und Wintergemüse folgen, falls nicht noch Lauch oder Zwiebeln von der Frühjahrsbestellung zwischen den Erdbeeren stehen.

Als Nachbarn für den Herbst und Winter eignen sich Winterkopfsalat, Gartenkresse, Spinat und vor allem Feldsalat. Letzterer gehört zu den Baldriangewächsen, deren Wirkstoff indirekt über die Aktivierung der Regenwürmer die Erdbeere fördert. Er durchwurzelt das Erdreich und hält den Boden locker und feucht. Im Winter ist er ein guter Schneefänger, der die Erdbeeren vor Frostschäden schützt. Den gleichen Effekt erreicht man auch mit Spinateinsaaten. Im Frühjahr gehören Steckzwiebeln in die Zwischenreihen, die die Erdbeeren sicher vor **Grauschimmel** bewahren. Auch eine Bodenbedeckung aus kleingeschnittenem Stroh hilft, Grauschimmel zu vermeiden.

Auch Erdbeeren – obwohl sie mehrere Jahre den Platz behaupten – wachsen gern mit wechselnden Partnern zusammen

Himbeeren und Brombeeren

Als Waldpflanzen vertragen diese Gewächse leichten Halbschatten, die Beeren werden jedoch in voller Sonne größer und aromatischer; Hitze und Trockenheit vertragen sie allerdings schlecht. Von Obstbäumen sollten sie mindestens 3 m entfernt stehen, damit keine Nährstoffkonkurrenz entsteht. Am zweckmäßigsten nutzen Sie die Himbeer- und Brombeeranlage für den Gesamtgarten, wenn Sie die Pflanzen entlang eines Zaunes als Hecke pflanzen. Dort schützt sie Sie gegen Wind und unerwünschte Einblicke. Günstig steht die Himbeerhecke an der Ost- oder Westseite des Gartens, also in Nord-Südrichtung.

Im Unterschied zu anderen Gehölzen sollten Sie Himbeeren im Frühjahr pflanzen. Muss aber dennoch im Herbst gepflanzt werden, so sollte dies nicht später als im Oktober geschehen. Die Pflanzen benötigen dann eine Schutzdecke durch Anhäufeln der Erde oder Abdecken der Pflanzstelle mit Laub oder Stroh.

> ### Auf Erdwälle pflanzen
>
> Sie können Himbeeren auch auf Erdwälle setzen. Auf 1 m Erdwall kommen drei Pflanzen. An den schrägen Seiten des Hügels lassen sich Küchenkräuter und Salate zum beiderseitigen Nutzen pflanzen. Diese Unterkultur schützt nicht nur den Boden, sondern die Pflanzen bereichern sich auch gegenseitig in Geschmack und Aroma. Hier haben sich bewährt: Feldsalat, Schnittsalat, Schnittlauch, Lavendel, Ysop, Thymian, Melisse, Ringelblumen, Studentenblumen.

Johannisbeeren und Stachelbeeren

In den ersten Jahren nach der Anpflanzung der Beerensträucher können die Zwischenräume mit Unterkulturen ausgefüllt werden: Im Frühjahr sät man Sommerwicken, Weiße, Gelbe oder Blaue Lupinen, im Herbst Winterwicken. Empfehlenswert ist auch eine Brennnesseluntersaat, allerdings sollten die Nesseln jedesmal vor der Blüte geschnitten werden und als Mulch liegen bleiben. Um ältere Stöcke herum bedeckt man den Boden ganzjährig mit Mulch. Als bleibende Partner zwischen den Sträuchern sind Rainfarn und Wermut zu empfehlen. Letzterer schützt vor allem Schwarze Johannisbeeren vor dem **Johannisbeersäulenrost.**

Obstbäume

Obstbäume sollen sich an ihrem Standort lange Zeit wohl fühlen und reichen Ertrag bringen. Deshalb sollten Sie Baumscheiben von Obstbäumen mit fördernden Kräutern und Blumen bepflanzen. Diese Unterpflanzung kann natürlich alle paar Jahre wechseln. Die folgende Tabelle gibt an, welche Blumen und Kräuter für welche Gehölze besonders geeignet sind.

Mischkulturen im Obstbau

Obstgehölze und ihre Mischkulturenpartner

Obstart	günstige Baumscheibenbepflanzung und Nachbarschaft	ungünstige Baumscheibenbepflzg. und Nachbarschaft
Apfel	Brennnessel, Pfefferminze, Melisse, Ringelblume, Eisenhut (giftig), Veilchen, Kapuzinerkresse, Geranie, Meerrettich, Löwenzahn	Beerensträucher, Wermut, Nadelbäume
Aprikose	Pfefferminze, Melisse, Ringelblume, Kapuzinerkresse	andere Obstgehölze erst nach etwa 6 m, Salbei, Fichte
Birne	Brennnessel, Gundermann, Taubnessel, Winterling, Schneeglöckchen, Melisse, Ringelblume, Kapuzinerkresse, Fingerhut (giftig), Studentenblume, Geranie, Löwenzahn	Beerensträucher, Salbei, Wacholder, Himbeere, Wermut, Nadelbäume
Brombeeren	Lupine, Sommer- und Winterwicke, Vogelfuß (Seradella), Senf	Nadelbäume
Erdbeeren	Zwiebel, Salat, Spinat, Erbse, Möhre, Porree und Knoblauch, Feldsalat, Pfefferminze, Petersilie	Kohl, Radieschen, Rettich
Himbeeren	Feldsalat, Schnittsalat, Schnittlauch Lavendel, Thymian, Melisse, Ringelblume, Studentenblume	bisher keine bekannt
Johannisbeeren	Gartenkresse, Senf, Brennnessel, Ringelblume, Geranie, Tomate	Apfel, Steinobst, Nadelbäume, Rosen
Kirsche	Lupine, Knoblauch, Waldmeister, Maiglöckchen, Brennnessel, Kapuzinerkresse, Gartenkresse, Ringelblume, Schnittlauch, Löwenzahn	Beerensträucher, Wermut, Immergrün, Gras bei jungen Bäumen
Mirabelle	Brennnessel, Zwiebel, Senf, Ringelblume, Kapuzinerkresse, Studentenblume, Geranie, Klee	Kirsche, Wermut, Fichte
Pflaumen und Zwetschen	Brennnessel, Lerchensporn, Scharbockskraut, Kapuzinerkresse, Ringelblume, Büschelschön, Studentenblume, Melde, Feldsalat	Nadelbäume, Beerensträucher, Wermut
Quitten	Brennnessel, Taubnessel, Löwenzahn, Büschelschön, Ringelblume, Melde	Wermut, Nadelbäume, Beerensträucher, Salbei
Stachelbeeren	Schnittlauch, Wicke, Senf, Ringelblume, Büschelschön	Rosen, Nadelbäume, Salbei, Apfel
Wein	Büschelschön, Ringelblume, Mohn, Ölrettich, Senf, Nussbaum, Lupine, Klee, Winterroggen, Melisse	Kohl, Wermut, Meerrettich, Rettich

Handgriffe im Mischkulturengarten

Die Pflanzen heranziehen

Wenn die Anbauplanung für den Gemüsegarten abgeschlossen ist, ist es Zeit, sich um das Saatgut zu kümmern. Dabei sollten Sie nur gesunde Samen mit guter Keimfähigkeit verwenden. Wie lange Samen keimfähig bleiben, ist bei den einzelnen Pflanzenarten unterschiedlich. In Gartenfachgeschäften mit guter Beratung können Sie entsprechende Auskunft erhalten. Grundsätzlich gilt, dass die meisten Samen ihre Keimfähigkeit zwei bis drei Jahre behalten, wenn sie kühl und trocken aufbewahrt werden oder in geschlossenen Keimschutzpackungen eingeschweißt sind.

Saatbäder herstellen

Ein selbst zubereitetes Saatbad wirkt außerordentlich entwicklungsfördernd auf das Samenkorn. **Keimkraft** und **Wachstumsvermögen** werden durch die Kräuter gestärkt, was ein schnelleres und problemloseres Auflaufen der Saat zur Folge hat. Das kräftige Wachstum erhöht die **Widerstandskraft gegen Schädlinge und Krankheiten**. Bewährt hat sich für viele Pflanzen eine Mischung der Kräuter, wie sie im Humofixpulver enthalten ist (siehe Kasten Seite 98 oben). Es geht aber auch mit einzelnen Kräutern oder mit einer Mischung, die nicht alle Bestandteile enthält.

So wird das Saatbad hergestellt und verwendet:
1. Geben Sie in einen Blumenuntersetzer oder eine alte Tasse etwas handwarmes Wasser und rühren Sie etwa eine Messerspitze Kräuterpulver ein. Nun müssen die Kräuterbestandteile sechs Stunden einwirken; so lange bleibt die Saatbadschale stehen.
2. Anschließend legt man die Samen hinein und rührt – um das Zusammenkleben zu vermeiden – mit einem Stöckchen um. Kohlarten bleiben 15 Minuten, Rettich und Radieschen 30 Minuten, Wurzelgemüse, Möhren, Sellerie eineinhalb Stunden, alle anderen Sämereien eine Stunde im Samenbad liegen.
3. Danach werden die Samen über ein Läppchen abgeseiht und an der Luft getrocknet.

Schmetterlingsblütler (Erbse, Bohne,

Die Keimprobe

Dazu mischen Sie das alte Saatgut und zählen eine bestimmte Anzahl Körner ab, die in Weckgläser auf feuchte Watte oder Filterpapier zum Keimen ausgelegt werden. Nach der den jeweiligen Arten eigenen Keimzeit (die Spanne reicht von einer bis drei Wochen) müssen mindestens 80 % der Samen aufgegangen sein. Geschieht das nicht, ist der Same unbrauchbar.

Handgriffe im Mischkulturengarten

Lupine) gedeihen am besten nach einem Saatbad von ein bis zwei Stunden in reinem Kamillentee, Kürbisgewächse (Gurke, Kürbis, Melone) nach einem Saatbad von 24 Stunden in Milch. Für alle anderen Samen eignet sich die Kräutermischung am besten.

Humofix – konzentrierte Kräuterkraft

Hierbei handelt es sich um ein Pulver aus fünf Heilkräutern (Brennnessel Schafgarbe, Löwenzahn, Baldrian, Kamille). Die Kräuter werden jeweils in der Vollkraft ihrer Blüte geerntet, schonend getrocknet, feinst vermahlen und zu gleichen Teilen gemischt. Hinzugefügt wird noch pulverisierte Eichenrinde und alles zusammen wird mit Milchzucker, in den zuvor Honig eingerührt wurde, zu einem feinen, süßlich riechenden Pulver verarbeitet. Die Anwendungsgebiete sind:
- Kompostbau: in wenigen Wochen erhält man fruchtbaren Humus
- Blumenbeet: für eine reiche, lang andauernde Blütenpracht
- Saatbäder: als biologische „Starthilfe" für alle Saaten

Der richtige Zeitpunkt zum Pikieren

Vereinzeln Sie, sobald außer den beiden Keimblättern schon das erste winzige echte Blatt oder Laubblatt zu sehen ist. So erhält man kräftigere Pflanzen, die auch später im Garten zügiger und gesünder aufwachsen. Die Mühe des Pikierens lohnt sich daher vor allem für die frühen Saaten und Pflanzungen.

Aussaat- und Pikiererde mischen

Wer seinen Pflänzchen schon im frühesten Jugendstadium alle Voraussetzungen für ein gesundes Wachstum geben will, kann seine Aussaat- und Pikiererde selbst herstellen. Bewährt hat sich eine Mischung im Verhältnis 1 Teil reifer Kompost : 3 Teile Gartenerde : 1 Teil Sand. Der Sand kann teilweise oder ganz durch Gesteinsmehl ersetzt werden. In jedem Fall empfehlen wir, etwas Gesteinsmehl hinzuzufügen, weil damit eine desinfizierende Wirkung erzielt wird.

In Kästen aussäen

Wir füllen die Aussaatgefäße mit unserer Erdmischung und überbrausen sie mit **Ackerschachtelhalmbrühe** (siehe Seite 109). Dann sät man entweder mit der Hand oder durch Klopfen aus dem Tütchen dünn in die Gefäße aus und übersiebt mit reifer **Komposterde**. Die Aussaatgefäße müssen feucht gehalten werden, dürfen aber nicht nass sein.

Pikieren

Fahren Sie vorsichtig unter die Pflanze, heben Sie sie an, kürzen Sie die langen Wurzeln und pflanzen Sie die Jungpflanzen mit weiterem Abstand in neue Schalen oder Töpfe. Dadurch wird die verbleibende Wurzel zu vermehrter Seitenwurzelbildung angeregt. So entsteht ein kräftiger Ballen, der später beim Pflanzen gut

Die Pflanzen heranziehen

zusammenhält. Beim Einpflanzen darf man die feinen Wurzeln jedoch nicht knicken. Bei Feinstwurzeln, z. B. von Sellerie, ziehen wir mit dem Lineal einen Pikiergraben, in den die Pflanzen nebeneinander im vorgesehenen Abstand eingelegt werden und mit demselben Lineal in ganzen Reihen bedeckt und festgedrückt werden. Pikierabstand ist je nach Größe der Pflänzchen 3 bis 5 cm.

Setzt man die Pflanzen nach dem Pikieren in den Garten, müssen sie vorher durch zunehmendes Lüften abgehärtet werden. Vereinzeln Sie am besten nur in den Morgen- und Abendstunden. Einmal werden pikiert: Frühsalat, Frühkohlarten, Sellerie; zweimaliges Pikieren empfiehlt sich bei Tomaten, Melonen und Auberginen.

Auspflanzen
Bevor die vorgezogenen Pflänzchen ins Freiland kommen, werden die Pflänzchen eine Nacht über in verdünnte Ackerschachtelhalmbrühe gestellt. Pflanzen Sie dann nach Möglichkeit mit Wurzelballen. Ist das nicht möglich, so werden die Wurzeln etwas gekürzt, damit sich mehr Seitenwurzeln bilden. Je nach Größe der Setzlinge werden die Pflanzlöcher mit einem Pflanzholz oder einem Pflanzschäufelchen gebohrt oder ausgehoben, die Pflanzen hineingesetzt und mit Erde angedrückt. Angegossen werden sie mit einer Mischung, die zu gleichen Teilen aus **Ackerschachtelhalmbrühe** und **Brennnesseljauche** (1:20 verdünnt) besteht (siehe Seite 109).

Pikieren: Mit einem Pikierholz werden die jungen Pflänzchen vorsichtig aus dem Boden gehoben und auf weiteren Abstand gesetzt

Die Direktaussaat ins Freiland

Robuste Pflanzenarten können Sie natürlich auch gleich ins Freiland säen: Je feinkrümeliger der Boden vorbereitet wird, um so sicherer geht die Saat auf. Zuerst werden die Rillen gezogen und bei Trockenheit angefeuchtet. Danach wird dünn in die Rillen ausgesät. Anschließend schließt man die Rillen wieder und drückt die Erde leicht an, damit die Samen guten Kontakt zum Boden haben und von allen Seiten Feuchtigkeit aufnehmen können. In den ersten Tagen ist es wichtig, die Saaten im Freiland feucht zu halten.

Den Boden pflegen

Der Boden ist die Grundlage für gesundes Pflanzenwachstum. Ein fruchtbarer Boden zeichnet sich durch eine stabile **Krümelstruktur**, ein reges **Bodenleben** und einen hohen **Nährstoffgehalt** aus. Er ist locker, gut durchlüftet und seine krümelige Struktur bricht nicht gleich unter der verschlämmenden Wirkung des Wassers zusammen. In einem solchen Fall spricht man von **Bodengare**. Echte Bodengare entsteht erst, wenn der Boden mit **Humus** durchsetzt ist, also mit abgestorbenen und umgewandelten organischen Stoffen; er muss Raum haben für Wasser und Luft, und eine Vielzahl von Mikroorganismen beherbergen.

Die **Frostgare**, die durch Umgraben im Herbst und Durchfrieren der Schollen erreicht wird, ist im Grunde ein Scheingare, weil der zunächst lockere Boden nach kurzer Zeit wieder verschlämmt und verkrustet.

Bei allen Bodenbearbeitungsmaßnahmen, die im Laufe eines Jahres notwendig sind, sollten Sie auf größtmögliche Schonung des Bodenlebens achten. Dabei gilt generell:
- den Boden so wenig wie möglich betreten,
- nicht bei nassem Boden arbeiten,
- den Boden mit Bewuchs oder Mulch bedeckt halten.

Unentbehrlich für jeden Biogärtner sind die richtigen Arbeitsgeräte

Den Boden pflegen

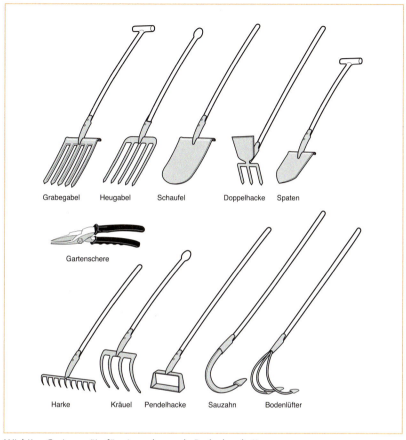

Wichtige Gartengeräte für eine schonende Bodenbearbeitung

Den Boden lockern

Die direkte Bodenbearbeitung hat zum Ziel, den Boden zu lockern und Luft hineinzubringen. Vielerorts wird der Gartenboden im Herbst umgegraben, doch ist dies keine schonende Methode, denn durch das Verlagern der Bodenschichten wird die Mikroorganismentätigkeit stark beeinträchtigt. Oft genügt es, nach der Ernte die obere Bodenschicht mit dem **Krail** oder Karst zu krümeln. Gegebenenfalls werden tiefere Schichten noch mit einem **Sauzahn** aufgerissen. Reicht dies bei schweren Böden nicht aus, empfiehlt sich der Einsatz einer **Grabegabel**. Diese wird in Abständen von 10 cm in den

Boden getreten und mit ruckartigen Bewegungen vor- und zurückgedrückt.

Im Mischkulturengarten wird der Boden im Herbst gelockert, bevor er eine **Grüneinsaat** oder eine winterliche **Mulchdecke** erhält. Im Frühjahr wird die obere Schicht nochmals mit dem Karst oder Krail gekrümelt, ebenso jedesmal, nachdem eine Kultur abgeerntet ist und bevor die nächste gesät oder gepflanzt wird.

Den Boden bedecken

Die Frage, ob Hacken oder Mulchen besser sei, wird immer wieder gestellt. Im Grunde genommen ist sie unzutreffend, denn beides hat seine Berechtigung. Der Nutzen der Bodenbedeckung steht außer Frage, doch sind im Frühjahr meist noch nicht genügend Gartenabfälle vorhanden. Beim unbedeckten Boden gilt dann immer noch die alte Gärtnerweisheit „Gut gehackt ist halb gegossen". Hier muss das **Hacken** ersetzen, was später die Bodenbedeckung übernimmt. Die verhärtete Erdkrume wird zerkleinert und für den Regen oder das Gießwasser durchlässig gemacht. Nach dem Regen oder Gießen unterbricht das Hacken die feinen Kanäle, aus denen die Feuchtigkeit von unten nach oben steigt und verdunstet. Ungehackte Beete trocknen bis in größere Tiefen aus und sind bald wieder auf Bewässerung angewiesen.

Eine der grundlegendsten bodenschonenden Arbeitsweisen ist aber das **Mulchen**, also das Aufbringen einer Bodenbedeckung. Für eine Mulchdecke eignen sich Rasenschnitt (ohne Samen!), zerkleinerte Gartenabfälle aller Art, Wildkräuter, sofern sie noch keinen Samen angesetzt haben, angerotteter Kompost, Stroh und gehäckselter Strauchschnitt. Decken Sie den Boden mit Rasenschnitt, Stroh und Unkraut ab, müssen Sie das Verrotten beobachten und vielleicht auch nachstreuen. Ist genügend Material vorhanden, können die Schichten 5 bis 10 cm hoch aufgebracht werden. Schieben Sie vor der Einsaat und dem Pflanzen die Bodenbedeckung von den Beeten weg und säen in die gezogenen Rillen. Dann bedecken Sie den Boden wieder mit der selben Mulchmasse etwa 2 cm hoch.

Aufgaben der Mulchdecke

Während der Vegetationszeit:
– schützt den Boden vor dem Austrocknen,
– beschattet ihn,
– verhindert das Auflaufen von unerwünschten Beikräutern,
– schützt den Boden bei starken Regenfällen vor Auswaschung und Verschlämmung,
– Temperaturpuffer: Erde bleibt locker und auch bei großer Hitze verhältnismäßig kühl.

Während der Vegetationsruhe:
– verhütet Bodenschäden durch Wechsel von Frieren und Auftauen,
– Stroh, Heu und halb verrottetes Herbstlaub schützen die Winterkulturen wie Porree, Zwiebeln oder Rosenkohl,
– Temperaturpuffer: Boden kühlt im Herbst langsamer ab (Bodentemperatur bleibt höher als Lufttemperatur).

Oft wird mit dem Mulchen das Anlocken von Schnecken verbunden. Zwar findet man unter der Mulchdecke eine ganze Reihe Schnecken, doch sie bleiben erfahrungsgemäß darunter, denn dort haben sie genug Nahrung. Mit Schneckenfraß an jungen Pflanzen hat man meist im Frühjahr zu kämpfen, wenn der Boden noch nicht bedeckt ist.

Das Unkraut regulieren

Sobald die Saaten aufgelaufen sind, geht man mit einer Ziehhacke oder einer gewöhnlichen Hacke durch die Reihen, um das mit aufgekeimte Unkraut aus dem Boden zu ziehen. Mischen Sie langsam keimende Gemüsearten wie Möhren mit einer Markiersaat (Radieschen oder Salat), sind auch diese Reihen gut zu erkennen. Ausgehacktes Unkraut bleibt zwischen den Reihen und auf den Beeten liegen. Es bedeckt und beschattet den Boden vorteilhaft. Nach kurzer Zeit wird davon nichts mehr zu sehen sein. Die Angst, dass es nach einem Regen wieder anwächst, ist in den meisten Fällen unbegründet. Nur bei Gras kommt das öfter vor.

Sobald Sie genügend Mulchmaterial auf den Beeten ausbringen können, werden die aufkeimenden Unkräuter unterdrückt, weil ihnen Luft und Licht fehlt. Gelingt es dennoch einem dieser ungeliebten Kräuter, die Mulchdecke zu durchbrechen, lässt es sich leicht herausziehen, da die Wurzeln in dem lockeren Boden keinen Halt haben. Lassen Sie es einfach auf der Bodenbedeckung liegen und verdorren!

Die Pflanzen düngen

Düngen mit Kompost

Unsere Gemüsepflanzen brauchen für ein gesundes Wachstum und Widerstandsfähigkeit gegen Krankheiten und Schädlinge eine gute, ausgewogene Düngung. Diese erhalten sie durch hochwertigen Kompost, der eine **gesunde Rotte** durchlaufen haben muss.

So erhalten Sie hochwertige Komposterde:

1. Die Mischung des Ausgangsmaterials muss stimmen. Als Faustregel gilt, dass Feuchtes mit Trockenem, Frisches mit Abgelagertem, Stickstoffreiches mit Stickstoffarmem gemischt wird. Stickstoffarm sind vor allem Stroh, Holzschnitt, Sägemehl, Papier und Pappe; stickstoffreich sind alle Mistarten und frische grüne Gartenabfälle. Abgelagerte Gartenrückstände und Küchenreste sind mäßig stickstoffhaltig. Fleisch und Knochen sollten im Restmüll entsorgt werden.
2. Die Sauerstoffzufuhr im Komposthaufen muss gewährleistet sein. Hat man zu viel weiches, zusammenklebendes Material, so fügt man kleine Reisigabschnitte ein, um die Luftzirkulation zu gewährleisten.
3. Die Feuchtigkeit im Komposthaufen soll der eines ausgedrückten Schwammes gleichen. Ist das Material zu trocken, müssen Sie gelegentlich Wasser übergießen, bei starkem Regen sollten Sie den Haufen abdecken, damit er nicht vernässt und die Nährstoffe nicht ausgewaschen werden.

Neben dem Kompost sind Jauchen aus Brennnesseln oder anderen Kräutern die besten Düngemittel

geben, bis 10 kg/m^2, sofern man genügend Vorrat hat. Legen Sie mehr Wert auf **Strukturverbesserung** des Bodens, sind einmalige große Gaben zu empfehlen. So reichert sich eher Dauerhumus an. Kommt es aber auf die **Düngewirkung** an, sind mehrere kleine Gaben vorteilhafter. Bei insgesamt gleicher Menge werden sie – etappenweise eingearbeitet – besser abgebaut und stehen den Pflanzen als Nährhumus zur Verfügung. Angerotteter oder Mulchkompost wird nicht in den Boden eingearbeitet. Er bleibt entweder als Bodenbedeckung liegen oder wird nur ganz leicht mit der obersten Schicht vermischt. Hier gilt als Richtmaß: 6 bis 10 kg/m^2.

Düngen mit Pflanzenjauchen

Reicht die eigene Kompostmenge nicht aus, so stellen Pflanzenjauchen eine wertvolle Ergänzung zur Pflanzenernährung dar. Da sie aus Pflanzen entstehen, enthalten sie alle für die Pflanzen wichtigen Nährstoffe und Spurenelemente in einem ausgewogenen Verhältnis. Eine solche Düngung in Verbindung mit Kompost ist nicht nur die gesündeste, sondern auch die preiswerteste und umweltfreundlichste Methode.

Eine ausgezeichnete und universal einsetzbare Düngejauche entsteht aus Brennnesseln:
Herstellung: Füllen Sie Brennnesseln locker in ein Gefäß, bis es dreiviertel voll ist und füllen Sie mit Regenwasser auf. Nach ein bis zwei Tagen beginnt die Jauche zu gären, nach zwei Wochen ist sie fertig (bei kühler Witterung dauert es länger). Die Flüssigkeit

4. Die Temperatur soll nach dem ersten Tag auf 60 °C ansteigen, nach zwei Tagen wieder fallen, damit dann die Kompostwürmer einziehen und ihr Werk beginnen können. Durch die hohe Anfangstemperatur werden Unkrautsamen und Krankheitserreger abgetötet.

Reifer Kompost kann überall im Garten eingesetzt werden. Man arbeitet den Kompost in die Oberschicht des Bodens – nicht tiefer als 15 cm – mit dem Karst oder Kultivator ein. Als Richtmaß gelten 2 bis 3 kg/m^2. Auf ausgehungerten, mageren Böden kann man jedoch ohne weiteres mehr

Die Pflanzen düngen

ist jetzt dunkel und schäumt nicht mehr.
Aufbewahrung: Tonne, Fässer oder Eimer aus Holz, Kunststoff, Steingut, Ton. Metallgefäße dürfen Sie nicht verwenden. Die Gefäße decken Sie nun mit einem luftdurchlässigen Deckel ab, indem Sie einen Holzstab zwischen Gefäß und Deckel legen.
Verwendung:
- Zur Stärkung und Kräftigung der Pflanzen: Wöchentlich einmal über alle Kulturen sprühen, am besten nach einem Regen (Konzentration 1:50).
- Zur Ernährung der Pflanzen: Jauche um die Pflanzen im Wurzelbereich gießen, morgens bei feuchter Erde; etwa alle zwei Wochen (Konzentration 1:20). Pflanzen, die in den nächsten drei bis vier Wochen geerntet werden sollen, erhalten keine Düngung mehr.
- Zum Angießen von Setzlingen: Brennnesseljauche mit Schachtelhalmjauche mischen (1:1), 1:20 verdünnen und so verwenden.
- Zur Bodenverbesserung: Im Frühjahr über Boden oder Kompost unverdünnt oder leicht verdünnt gleichmäßig ausgießen.

Außer Brennnesseln eignen sich noch folgende Pflanzen für gute Düngejauchen: Comfrey (Beinwell), Fenchel- und Kamilleabfälle, Kohlblätter, Rote-Bete-Blätter, Rasenschnitt und Gartenunkräuter. Die Jauchen werden ebenso wie die Brennnesseljauche hergestellt und können auch so verwendet werden. Comfreyjauche wirkt besonders positiv auf Tomaten und Sellerie, Rote-Bete-Jauche ist sehr empfehlenswert für Rasenflächen.

> *Faustregeln für die Herstellung und Verwendung von Pflanzenjauchen:*
> Bei der Jaucheherstellung aus Pflanzen und Kräutern sollten Sie sich bei Unsicherheiten hinsichtlich der Konzentration zunächst an Faustzahlen halten, um Schäden an Kulturpflanzen zu vermeiden. Für 10 l Wasser reichen aus:
> 1 kg frische Pflanzen
> 100 bis 200 g getrocknete Pflanzen
> Die vergorene Jauche wird stets 1:20 verdünnt.
> 100 g getrocknete Pflanzen entsprechen 600 bis 800 g Frischkraut.

Gründüngung

Als Gründüngung bezeichnet man den Anbau bestimmter Pflanzen, die den Boden mit Nährstoffen und Humus anreichern und so für die Nachfolgekulturen besonders günstige Wachstumsbedingungen schaffen. Gründüngungspflanzen sind leicht zersetzbar und bilden deshalb eine ideale Nahrungsquelle für die Bodenorganismen. Das feine und verzweigte Wurzelwerk einer Gründüngung lockert und durchlüftet den Boden gleichmäßig, außerdem wird die Krümelstruktur verbessert. Einige Pflanzen besitzen zusätzliche positive Effekte:
- Anreicherung von Stickstoff: Leguminosen (Ackerbohnen, Wicken, Lupinen, Klee, Erbsen u. a. Hülsenfrüchte).
- Tiefenlockerung: Rotklee, Lupine, Ölrettich und Chinakohl (Wurzeltiefe 1,50 bis 2 m); Gelbklee, Saat-

wicke, Senf und Raps (Wurzeltiefe: 0,8 bis 1,5 m); Weißklee und Zottelwicke (Wurzeltiefe: 0,8 m).
- Unkrautunterdrückung: Büschelschön, Senf und Spinat.

Gründüngungsmischungen sollten Sie möglichst immer direkt nach der Lockerung des Bodens aussäen, so dass sie mit ihren Wurzeln schnell den Boden durchdringen. Nicht zuletzt bereichern sie mit ihren Blüten das Gartenbild und locken viele Nützlinge in den Garten.

Zugekaufter organischer Dünger

Ideal wäre es, den Nährstoffbedarf der Nutzpflanzen nur durch Kompost, Gründüngung, Bodenbedeckung und Pflanzenjauchen zu decken und dabei immer im Auge zu haben, dass durch Düngen in erster Linie für Bodenorganismen eine Nahrungsgrundlage geschaffen wird. Wo das nicht möglich ist, kann auch zugekaufter organischer Dünger verwendet werden. Doch hier ist Vorsicht angebracht: Die Gartenböden sind oft nährstoffreicher als angenommen wird. Gerade Hausgärten sind oft mit Phosphor überdüngt. Ist dies der Fall, dann müssen Sie einige Jahre auf phosphorhaltige Düngemittel (beispielsweise Guano) verzichten. Blut- und Knochenmehl sind seit der Verbreitung von BSE in Verruf geraten und sollten schon deswegen nicht im Garten angewendet werden. **Hornspäne und Hornmehl** dagegen sind phosphorarm und stickstoffreich.

Kalk nimmt eine Sonderstellung ein. Er ist sowohl Dünge- als auch Bodenverbesserungsmittel. Auf normalen Böden reicht eine jährliche Erhaltungskalkung (20 g/m^2), die auch über den Komposthaufen mit Zusätzen von Eierschalen und ausreichend kalkhaltigem Material abgedeckt werden kann. Bringen Sie den Kalk direkt aufs Land, ist dafür der Herbst oder das Frühjahr geeignet. Als Bodenverbesserer wirkt er strukturbildend und stabilisierend auf das Krümelgefüge und neutralisiert saure Böden.

Die **Gesteinsmehle** (Urgesteinsmehl, Basaltmehl, kalkreiche Steinmehle, Tonmehl) werden im biologischen Gartenbau hauptsächlich als Bodenverbesserungsmittel eingesetzt. Sie versorgen den Boden mit Spurenelementen und beeinflussen den Ertrag und die Fruchtbarkeit günstig. Vor allem das Urgesteinsmehl ist von großer Bedeutung; je feiner es vermahlen ist, um so günstiger ist seine Wirkung. Sie streuen es vor der Gartenbestellung im Frühjahr gleichmäßig (4 kg/100 m^2) auf die Beete und arbeiten es oberflächlich ein.

Naturgemäßer Pflanzenschutz

Unsere Gartengewächse, seien es nun Gemüse, Blumen oder Obstgehölze, sind als hochgezüchtete Kulturpflanzen empfindlicher als Wildpflanzen. Deshalb müssen sie auch im biologischen Anbau vor Schädlingen und Krankheiten geschützt werden. Durch Mischkultur, gute Pflege der Pflanzen, Beipflanzung von aromatischen Kräutern und Anwendung von Mitteln, die die Widerstandskraft und das Wachstum der Pflanzen fördern, haben viele Schädlinge und Krankheiten kaum eine Chance.

Pflanzliche Spritzmittel

Wenn das natürliche Gleichgewicht gestört ist, beispielsweise durch extreme Witterungsbedingungen, können sich auch im Biogarten Krankheiten und Schädlinge ausbreiten. Hier helfen Brühen, Tees, Auszüge und Jauchen, die man leicht aus Kräutern herstellen kann, die Sie entweder vorbeugend oder im „akuten" Fall einsetzen können.

Die Inhaltsstoffe der Kräuter wirken auf verschiedene Weise auf Krankheitserreger und Schädlinge. Beim **Ackerschachtelhalm** ist es vor allem der hohe Gehalt an Kieselsäure, der von den Pflanzen aufgenommen wird und das Zellgewebe festigt und härtet. Pilzsporen können nun nicht mehr so leicht in das Blatt eindringen, und Schädlinge müssen mehr Mühe aufwenden, das feste Pflanzengewebe zu durchdringen.

Viele Pflanzen besitzen ätherische Öle, die leicht flüchtig sind und typische, starke Duftstoffe freisetzen. Weil viele Insekten dadurch abgeschreckt werden, bezeichnet man Mittel, die auf diese Weise wirken, als **Repellents** (repellere = vertreiben, zurücktreiben). **Holunderblätterjauche** und **Tomatentriebjauche** sind typische Vertreter solcher Mittel. Andere Jauchen oder Brühen wirken ätzend und beißend auf Schädlinge aller Art. Dazu gehören die gärende **Brennnesseljauche** (nicht die Düngejauche!), die **Eichenblätterjauche** und die **Rhabarberblätterbrühe**. Zuletzt seien noch diejenigen pflanzlichen Mittel genannt, die Krankheits-

---

Fördern Sie Nützlinge, indem Sie ...
- Blumen und Kräuter zwischen Gemüse und Obst für Schwebfliegen, Florfliegen, Bienen und Hummeln anbauen,
- Nisthölzer oder zusammengebundene hohle Halme für Solitärinsekten anbringen,
- Hummel- und Vogelnistkästen aufhängen,
- mit Stroh gefüllte Blumentöpfe für Ohrwürmer umgekehrt in die Bäume hängen,
- den Boden mit reichlich Kompost versorgen.

erreger abtöten oder in ihrer Entwicklung hemmen: **Zwiebeln**, **Knoblauch** und **Kapuzinerkresse** sind in der Lage, Bakterien abzutöten. Auf Pilze, besonders auf Echten Mehltau, wirken **Knoblauch-** und **Zwiebelmittel** sowie das im Meerrettich enthaltene schwefelhaltige **Senföl** stark entwicklungshemmend. Auch die ätherischen Öle der **Schafgarbe, Kamille** und **Pfefferminze** hindern Pilzsporen am Auskeimen und Pilzhyphen am Wachsen.

Grundrezepte und Faustzahlen

Um die pflanzlichen Wirkstoffe aus den Zellgeweben der verschiedenen Kräuter herauszulösen, sind unterschiedliche Rezepturen geeignet. Nicht immer ist die Herstellung einer Jauche die beste Möglichkeit, sondern Brühen, Tees, Auszüge oder die gärende Jauche sind erprobte Alternativen.

Die Jauche: Zur Bereitung einer Jauche werden die Pflanzen immer in kaltes Wasser eingeweicht (Faustregel: 1 kg frisches oder 150 g getrocknetes Pflanzenmaterial auf 10 l Wasser) und zwei bis drei Wochen stehen gelassen, wobei gelegentlich umgerührt wird.

Die gärende Jauche: Sie wird auf die gleiche Weise angesetzt wie die oben beschriebene Jauche. Der Unterschied besteht darin, dass sie nur drei Tage stehen bleiben darf. Eine Verwendung von gärender Jauche hat sich nur bei Brennnesseln zum Abwehren von Schädlingen durchgesetzt.

Die Brühe: Im Gegensatz zur Jauche wird die Brühe immer durch Abkochen hergestellt. Um die Wirkstoffe besser auszunutzen, sollten Sie die Pflanzen zerkleinern und gegebenenfalls vorher einweichen, was jedoch bei den jeweiligen Einzelrezepten (siehe nebenstehende Tabelle) angegeben wird. Je nach Pflanzenart und Verwendungszweck ist auch die Kochdauer verschieden, doch reichen 20 bis 30 Minuten in den meisten Fällen aus. Anschließend lässt man die Brühe abkühlen, wobei der Topf stets bedeckt sein soll. Danach wird abgesiebt und die Brühe ist gebrauchsfertig. Die herausgenommenen Kräuterreste können Sie gut als Mulchmaterial verwenden. Die Brühen sind nur eine begrenzte Zeit haltbar und für den ihnen eigenen Zweck verwendbar. Später gehen sie in Gärung über und sind dann nur noch zum Düngen verwendbar.

Der Tee: Da verschiedene Inhaltsstoffe der Kräuter durch langes Kochen zerstört werden oder sich verflüchtigen, andererseits aber durch einen Kaltwasserauszug nicht optimal herausgelöst werden, ist die Zubereitung eines Tees für manche Kräuter eine gute Lösung. Hierbei werden die Kräuter zerkleinert und mit kochendem Wasser übergossen. Man lässt den Tee einige Zeit zugedeckt ziehen und abkühlen und siebt dann ab.

Der Kaltwasserauszug: Dieses Verfahren kommt dann in Frage, wenn die Gefahr besteht, dass Wirkstoffe durch Hitzeeinwirkung zerstört werden. Die frischen oder getrockneten, zerkleinerten Kräuter werden einfach im kalten Wasser – nach Möglichkeit in Regenwasser – eingeweicht und mindestens einen Tag bis maximal drei Tage stehen gelassen. Im Gegensatz zur gärenden Jauche siebt man jedoch immer ab, bevor sie zu gären beginnt. Im

Pflanzliche Spritzmittel

Pflanzliche Mittel, ihre Herstellung und Wirkung

Mittel	Konzentration	Wirkung
Ackerschachtelhalmbrühe 1,5 kg frische Wedel bzw. 200 g Droge in 10 l Wasser 24 Std. einweichen, 1 Std. kochen, abkühlen lassen, durchseihen	1:5 bis 1:10 verdünnt	vorbeugend gegen Pilzkrankheiten aller Art, z.B. Mehltau, Rost, Blattfleckenkrankheiten, Schorf, Kraut und Knollenfäule, Monilia gegen Spinnmilben, Lauchmotte
Ackerschachtelhalmjauche 1 kg getrocknete oder 10 kg frische Ackerschachtelhalmwedel in 100 l Wasser ansetzen, täglich umrühren, ca. 3 Wochen stehen lassen, abseihen	1:20 verdünnt	wie Brühe
Baldrianblütenextrakt Blüten mit wenig Wasser durch den Fleischwolf drehen, durch Leinentuch in dunkles Fläschchen abfüllen	1 Tropfen auf 1 l Wasser, gut verrühren	Blütenförderung, Frostschutz, gesundes Tomatenwachstum, Saatbeize
Basilikumtee 2 Teelöffel getrocknetes Basilikumkraut mit ½ Liter kochendem Wasser überbrühen, etwa 10 Minuten ziehen lassen	unverdünnt	Gegen Milben und Blattläuse an Zimmerpflanzen
Brennnesseljauche (gärende) 1 kg frisches bzw. 800 g getrocknetes Kraut in 50 l Wasser ansetzen, vier Tage stehen lassen	1:50 verdünnt	gegen Blattläuse (bei mäßigem Befall), Spinnmilben
Brennnesselkaltwasserauszug 1 kg frisches bzw. 150 g getrocknetes Kraut in 10 l Wasser 24 Std. einweichen, abpressen u. absieben	unverdünnt	gegen Blattläuse, vor allem an Rosen, Lauchmotte
Eichenblätterjauche (siehe Jaucherezept Seite 108)	1:10 verdünnt	gegen fast alle fressenden und saugenden Insekten, auch gegen Ameisen
Holunderblätterjauche (siehe Jaucherezept Seite 108)	unverdünnt	zur Vertreibung der Wühlmaus in deren Gänge gießen, Zusatz zu schädlingsvertreibenden Spritzbrühen
Kamillenauszug 1 Handvoll getrocknete Kamillenblüten in 1 l Wasser 24 Std. ziehen lassen, abpressen	1:5 verdünnt	fäulnishemmend, Förderung gesunden Wachstums, Saatbeize für Schmetterlingsblütler

Naturgemäßer Pflanzenschutz

Pflanzliche Mittel, ihre Herstellung und Wirkung (Fortsetzung)		
Mittel	Konzentration	Wirkung
Kapuzinerkressetee 2 Hände voll frisches Kraut in ein Gefäß geben, mit kochendem Wasser übergießen, so dass das Kraut bedeckt ist, ¼ Std. ziehen lassen, dann gut umrühren, abgießen	unverdünnt	wie Farnkrautextrakt
Kartoffelabsud Kochwasser der Speisekartoffeln aufheben und verwenden	unverdünnt	gegen Blattläuse, vor allem an Rosen
Knoblauch-Schmierseifen-Spritzmittel 150 g feingehackten Knoblauch mit 2 Teel. Paraffin vermischen, 24 Std. ziehen lassen, 100 g Schmierseife in 10 l Wasser auflösen, alles gut mischen, filtrieren	unverdünnt	gegen Bakterienkrankheiten und zur Insektenbekämpfung auf Boden und Pflanze spritzen
Knoblauchtee 70 g Knoblauchzehen, kleinhacken, mit 1 l Wasser überbrühen	1:7 verdünnt	gegen Erdbeermilbe und andere Milben, Pilzkrankheiten wie Grauschimmel, Kräuselkrankheit, Kraut- und Knollenfäule, gegen Bakterienkrankheiten
Meerrettichbrühe 300 g Blätter und Wurzeln kleinschneiden, in 10 l Wasser einweichen, 20 Min. kochen	unverdünnt	gegen Monilia-Fruchtfäule bei Kernobst und Spitzendürre bei Steinobst
Moosextrakt 50 g trockenes Moos aus dem Rasen (sehr viel, da trockenes Moos leicht ist), in 10 l Wasser ansetzen, mindestens 24 Stunden ziehen lassen	unverdünnt	gegen Pilzkrankheiten aller Art
Quassia-Seifenbrühe 250 g Quassiaspäne (in Drogerien) über Nacht in 2 l Wasser einweichen, 20 bis 30 Min. kochen, in 20 l Wasser absieben, 500 g Schmierseife in der Flüssigkeit auflösen	unverdünnt	gegen Ungeziefer aller Art
Rainfarnbrühe 30 g getrocknete gelbe Blütenköpfchen in 1 l Wasser aufkochen, absieben	unverdünnt oder 1:3 verdünnt	gegen Ungeziefer aller Art, gegen Rost und Mehltau, vorbeugend gegen die Gallmilbe (Frühjahr)

Pflanzliche Spritzmittel

Pflanzliche Mittel, ihre Herstellung und Wirkung (Fortsetzung)

Mittel	Konzentration	Wirkung
Rhabarberblätterbrühe 500 g Blätter in 3 l Wasser aufkochen, absieben	unverdünnt	gegen Schwarze Bohnenläuse, Schwarze Läuse an Kirschen und Holunder, gegen die Lauchmotte
Rhabarberblätterjauche (siehe Jaucherezept Seite 108)	1:5 bis 1:10 unverdünnt	gegen Läuse, Raupen und die Larven verschiedener anderer Schädlinge zum Schutz vor Schnecken um die Pflanzen gießen
Tomatentrieb-Kaltwasserauszug 2 Handvoll Tomatengeiztriebe gut zerstampfen, in 2 l Wasser 24 Std. ziehen lassen, absieben und abpressen	unverdünnt	Fernhalten des Kohlweißlings, zur Flugzeit täglich über Kohlpflanzen sprühen
Wermutbrühe 300 g frisches oder 30 g getrocknetes Kraut in 10 l Wasser aufkochen, absieben	1:2 bis 1:3 verdünnt	gegen Blattläuse, Apfelwickler, Brombeermilbe, Johannisbeersäulenrost
Wermutjauche 300 g frisches bzw. 30 g getrocknetes Kraut in 10 l Wasser verjauchen lassen	unverdünnt	gegen Ameisen, Raupen, Läuse, Johannisbeersäulenrost
Wurmfarnkrautextrakt 5 g Droge in 1 l Wasser ansetzen, drei Tage stehen lassen	1:5 verdünnt	gegen Schildlaus und Blutlaus
Wurmfarnkrautjauche 5 kg frisches oder 500 g getrocknetes Farnkraut in 10 l Wasser verjauchen lassen	unverdünnt im Winter, sonst 1:5 verdünnt	gegen Rost, fressende und saugende Insekten, Schnecken; behebt Kalimangel
Zitronen- und Orangenschalenjauche 1 kg Zitronen- und Orangenschalen mit 10 Liter kaltem Wasser ansetzen, drei Wochen stehen lassen	unverdünnt oder 1:1 verdünnt	über Ameisennester gießen
Zwiebelschalenbrühe 20 g Zwiebelschalen auf 1 l Wasser fünf Tage stehen lassen	unverdünnt	gegen Kraut- und Knollenfäule an Tomaten
Zwiebelschalenjauche 500 g Zwiebelschalen in 5 l Wasser ansetzen, fünf bis sieben Tage stehen lassen	1:10 bis 1:20 verdünnt	gegen Grauschimmel an Erdbeeren, Blattfallkrankheit an Beerensträuchern, zur Vorbeugung der Kraut- u. Knollenfäule an Kartoffeln, Fernhalten der Möhrenfliege

Naturgemäßer Pflanzenschutz

Prinzip können Sie aus allen für Brühen und Tees verwendeten Pflanzen auch einen Kaltwasserauszug machen, falls im Garten keine Möglichkeit zum Kochen besteht. Die Spritzflüssigkeit hat aber dann nicht die gleiche Stärke und sollte deshalb weniger stark verdünnt werden.

Pilzkrankheiten begegnen

Gerade in den letzten Jahren und Jahrzehnten haben Pilzkrankheiten in unseren Gärten stark zugenommen. Ein Grund dafür besteht darin, dass viele Pilze immer neue Rassen entwickeln, die gegen die herkömmlichen Spritzmittel resistent sind. Von daher ist die Stärkung der Pflanzen durch Ackerschachtelhalmbrühe besonders wichtig. Von dieser Brühe sollte Sie immer ein Vorrat parat haben. So haben Sie bei Bedarf gleich ein Mittel zur Hand, das – sofern regelmäßig und bei Befall alle drei bis fünf Tage angewendet – fast immer die Ausbreitung der Krankheit stoppt.

Echter Mehltau

Die Echten Mehltaupilze erkennt man daran, dass sie Triebe, Blätter und Stängel der befallenen Pflanzen mit einem weißen, stäubenden, mehlartigen Belag überziehen. Sie bleiben dabei an der Oberfläche der Pflanzen und senken nur ihre **Haustorien** (wurzelartige Gebilde) in die obersten Zellen hinein, um sich vom Zellsaft der Wirtspflanzen zu ernähren. Bei Wärme und Feuchtigkeit breiten sich die Pilze besonders schnell aus, denn mit der Verbreitung jeder Spore entsteht eine neue Infektion.

Bei starkem Befall vertrocknen die infizierten Teile und sterben ab. Im Spätsommer und Herbst bilden sich im weißgrauen Pilzgeflecht kleine schwarze Kügelchen, die wie winzige Schmutzteilchen aussehen. In diesen reifen die Sporen für das nächste Frühjahr heran. Sie überwintern im Boden oder an Pflanzenresten und bilden die Infektionsquellen für das nächste Jahr.

Vorbeugende Maßnahmen:
- Vermeiden Sie eine zu starke Stickstoffdüngung.
- Greifen Sie auf resistente Sorten zurück, die inzwischen von vielen Gemüsearten im Handel erhältlich sind.
- Spritzen Sie wiederholt mit Ackerschachtelhalmbrühe, um die Pflanzen zu kräftigen.

Im Spätsommer werden Gurken oft vom Echten Mehltau befallen

Pilzkrankheiten begegnen

Maßnahmen bei Befall:
- Spritzungen mit neemhaltigen und kieselsäurehaltigen Präparaten.
- In Notfällen Bio-Blatt-Mehltaumittel ausbringen (siehe Bezugsquellen Seite 123).

Falscher Mehltau

Die Falschen Mehltaupilze sind nicht so bekannt wie ihre „echten Kollegen", weil sie nicht immer als Mehltaupilze erkannt werden. Die Pilzsporen dieser Arten dringen in das Pflanzengewebe ein und wachsen im Innern der Blätter. Nach einiger Zeit drängen sich aus den Spaltöffnungen, die meist an der Unterseite der Blätter liegen, die Sporenträger mit den stäubenden Sporen heraus. Dadurch erscheint auf der Blattunterseite ein weißlicher Belag. Blattoberseits ist an diesen Stellen das Gewebe gelb, violett oder braun verfärbt. Zu den Wirtspflanzen gehören: Salat, Spinat, Kohlrabi und andere Kohlarten sowie Zwiebeln. Auch der Erreger der Kraut- und Knollenfäule an Kartoffeln und Tomaten ist eng mit den Falschen Mehltaupilzen verwandt und wird in manchen Gartenbüchern sogar dazugerechnet, wird hier jedoch gesondert behandelt. Die Falschen Mehltaupilze schädigen Zierpflanzen, Obst und Gemüse vor allem in feuchten Jahren.

Vorbeugende Maßnahmen:
- Halten Sie eine mindestens dreijährige Fruchtfolge ein.
- Wählen Sie resistente Sorten bei Salat, Spinat und Kartoffeln.
- Spritzen Sie wiederholt mit Ackerschachtelhalmbrühe.

Maßnahmen bei Befall:
- Spritzen Sie neemhaltige und kieselsäurehaltige Präparate, um die nicht befallenen Teile der Pflanze oder einer Nachbarpflanze zu schützen.
- Spritzen Sie mit Zwiebelschalen- oder Knoblauchtee.

Kraut- und Knollenfäule

Die Kraut- und Knollenfäule an Kartoffeln und Tomaten, mancherorts auch Braunfäule genannt, breitet sich bei feuchtem Wetter besonders schnell aus. Der Befall beginnt mit braunen Flecken an den unteren Blättern, geht dann schnell auf Stängel, Früchte oder Knollen bei Kartoffeln über. Im Gewächshaus ist die Krankheit sehr selten.

Vorbeugende Maßnahmen:
- Benetzen Sie beim Gießen die Blätter nicht unnötig. Tomaten mögen einen nassen „Fuß" und einen trockenen „Kopf".
- Bedecken Sie so früh wie möglich den Boden um die Pflanzen herum. Geeignet dafür sind Rasenschnitt, zerkleinerte Gartenabfälle oder Stroh.
- Pflanzen Sie Ringelblumen um und zwischen die Tomaten. Erfahrungsgemäß verbreitet sich die Krankheit dann deutlich langsamer.
- Schützen Sie die Pflanzen durch Tomatenhauben: Wo in den letzten Jahren die Pilzkrankheit sehr stark aufgetreten ist, lohnt sich die Anschaffung eines kleinen Gewächshauses oder zumindest die Anschaffung von Tomatenhauben aus Plastik.
- Meiden Sie bei der Beeteinteilung/ beim Pflanzen die Nähe zu Kartof-

Naturgemäßer Pflanzenschutz

feln. Wenn Frühkartoffeln in der Nähe der Tomaten stehen, kommen oft die ersten Infektionen von dort. Deshalb sollten Sie die Kartoffeln häufig mit Ackerschachtelhalmbrühe spritzen. Wenn die braunen Flecken an den Blättern der Kartoffelpflanzen erscheinen, müssen Sie diese baldmöglichst ernten, bevor der Pilz mit dem Regen in den Boden eingewaschen wird und die Knollen infiziert hat. Ansonsten sind die gleichen Maßnahmen zu empfehlen wie bei Tomaten.
- Spritzen Sie ab Mitte Juni abwechselnd mit Ackerschachtelhalmbrühe und Magermilch zur Stärkung der Abwehrkraft.

Maßnahmen bei Befall:
- Entfernen Sie die ersten kranken Blätter.
- Spritzen Sie mit Zwiebelschalenbrühe (siehe Seite 111). Dieser Auszug wirkt vernichtend auf die Sporen der Kraut- und Knollenfäule, solange sie noch nicht in die Blätter oder in andere Pflanzenteile eingedrungen sind. Sie müssen allerdings zwei bis dreimal pro Woche spritzen, wenn der Befallsdruck sehr hoch ist.
- Knoblauchtee-Spritzungen (siehe Seite 110) helfen gegen Kraut- und Knollenfäule und andere Pilzkrankheiten. Bewährt hat sich das Besprühen von einzulagernden Kartoffeln, die möglicherweise mit dem Pilz infiziert sind.

Grauschimmel

Der Grauschimmel gehört zu den kaum spezialisierten Pilzarten. Deshalb

Besonders in regenreichen Sommern verdirbt die Kraut- und Knollenfäule die Tomatenernte

ist er in fast allen Bereichen des Gartenbaues als Krankheitserreger gut bekannt. Er schädigt sowohl an Wein, Erdbeeren und weichen Früchten als auch an vielen Gemüse- und Ziergewächsen. Obwohl er als Schwächeparasit gilt – er befällt vornehmlich geschwächte, nicht gut ernährte oder überdüngte Pflanzen – kann er in manchen nassen Jahren erhebliche Schäden anrichten.

Bei den meisten Pflanzen äußert sich der Befall durch einen grauen, stäubenden Schimmelrasen, der die befallenen Teile überzieht und unter dem das Gewebe rasch abstirbt. An Zwiebeln erkennt man ihn durch gelbe Zwiebelschlotten, die im Juli/August erscheinen. Die Pflanzen lassen sich leicht aus dem Boden ziehen und bringen eine mit mausgrauem Schimmel überzogene Zwiebel zu Tage.

Vorbeugende Maßnahmen:
- Sorgen Sie für gesunde, gute Wachstumsbedingungen, damit widerstandsfähige Pflanzen heranwachsen können.
- Vermeiden Sie zu starke Stickstoffdüngung, vor allem mit Stallmist.
- Arbeiten Sie Steinmehl in den Boden ein (besonders zu empfehlen bei Zwiebeln).
- Überbrausen Sie die Beete im Herbst und Frühjahr mit Ackerschachtelhalmjauche (siehe Seite 109).
- Stärken Sie gefährdete Pflanzen vorbeugend durch Spritzungen mit Ackerschachtelhalmbrühe oder Pflanzenpflegemitteln auf Ackerschachtelhalmbasis (siehe Bezugsquellen Seite 123).

Maßnahmen bei Befall:
- Spritzen Sie bei Befall an drei Tagen hintereinander mit Ackerschachtelhalmbrühe.
- Lassen Sie Zwiebeln vor der Einlagerung gut trocknen und lagern Sie sie luftig.

Kohlhernie

Kohlhernie ist die gefährlichste Krankheit der Kohlgewächse. Die Krankheitserreger bleiben in Form von Dauersporen jahrzehntelang im Boden lebensfähig und können immer wieder Wurzeln von Kohlpflanzen und anderen Kreuzblütlern infizieren. Es bilden sich kropfartige Wucherungen an den Wurzeln, nach denen die Krankheit mancherorts auch als „Kohlkropf" bezeichnet wird. Oberirdisch sieht man, dass die Pflanzen kümmern, welken oder verkrüppeln und keine brauchbaren Blumen oder Köpfe bilden. Besonders anfällig für die Krankheit sind Blumenkohl und Chinakohl.

Vorbeugende Maßnahmen:
- Ernten Sie kranke Pflanzen sorgfältig, damit keine Reste im Boden zurückbleiben.
- Vernichten Sie Kohlstrünke, geben Sie sie nicht in den Kompost!
- Bauen Sie auf verseuchten Beeten etwa fünf Jahre lang keine Kohlarten an.
- Verwenden Sie keine Kreuzblütler als Gründüngung (Senf, Raps), dafür Büschelschön, Ackerbohne, Winterroggen oder andere Pflanzen.
- Kalken Sie den Boden auf, da ein hoher Kalkgehalt dem Pilz schadet.
- Arbeiten Sie oberflächlich viel Stallmist ein, dadurch werden die Dauersporen veranlasst, auszukeimen und gehen zugrunde, wenn keine Kreuzblütler auf dem Beet stehen.
- Gießen Sie wiederholt mit konzentrierter Kohljauche, um den gleichen Effekt wie bei der Stallmistdüngung zu erzielen.
- Bauen Sie viele Studentenblumen (*Tagetes*) auf diesem Beet an.
- Übergießen Sie das Beet oft mit konzentrierter Ackerschachtelhalmjauche (siehe Seite 109).

Rostpilze

Die Rostpilze sind sehr verbreitet, jedoch meist auf ein bis zwei Wirtspflanzen, nämlich einen Sommer- und einen Winterwirt, beschränkt. Deshalb breitet sich Rost, beispielsweise Malvenrost, zwar auf seiner Wirtspflanze sehr schnell aus, kann aber keine

Naturgemäßer Pflanzenschutz

anderen Gemüsepflanzen oder Blumen befallen. Im Gemüsebau kommen selten der Spargelrost, der Bohnenrost und der Pfefferminzrost vor, ansonsten sind Rostpilze eher auf Bäumen, Sträuchern und Blumen verbreitet. Von Rost befallene Pflanzenteile tragen braune bis schwarze Pusteln, aus denen oft rostfarbener Sporenstaub heraustritt.

Vorbeugende Maßnahmen:
- Schneiden Sie befallene Stauden stark zurück.
- Vernichten Sie befallene Blätter, schmeißen Sie sie nicht auf den Kompost.
- Reißen Sie kranke Gemüsepflanzen ganz heraus und entsorgen Sie sie in der Mülltonne.
- Übersprühen Sie noch nicht befallene Nachbarpflanzen regelmäßig mit Ackerschachtelhalmbrühe, um eine weitere Ausbreitung zu verhindern.

Tierische Schädlinge bekämpfen

Blattläuse

Es gibt kaum eine Pflanzenart, die nicht von irgendeiner Blattlausart befallen wird. Läuse sind an Bäumen und Sträuchern, Gemüse, Getreide, Blumen, Gras und Kräutern zu finden. Sie befallen Pflanzen im Freiland, im Gewächshaus und Topfblumen auf der Fensterbank. Ihre Größe ersteckt sich von mikroskopisch klein bis hin zu gut erkennbar in Marienkäfergröße, die Körperfarbe variiert von farblos bis hin zu den verschiedensten Farbnuancen. Einige Vertreter schützen sich mit einer Wachsschicht (z. B. die Mehlige Kohlblattlaus), andere leben gänzlich ungeschützt. Doch so vielfältig sie auch sind – eines haben sie alle gemeinsam: Sie machen durch ihr massenweises Auftreten und ihre rasante Vermehrung ihren Wirtspflanzen, aber auch den Gärtnern das Leben schwer und können verschiedene Schädigungen hervorrufen:

- Direkte Saugschäden: Mit ihrem Saugrüssel können die Läuse gezielt die Leitungsbahnen der Pflanzen anzapfen, in denen der zuckerhaltige Saft von den Blättern in die Früchte oder Wurzeln transportiert wird. Bei starkem Befall krümmen sich die Blätter und Triebspitzen. Im Extremfall können ganze Partien vertrocknen und absterben.
- Sekundärschäden durch Honigtauausscheidung: Für ihre Ernährung benötigen die Blattläuse nur einen Bruchteil der Substanzen, die sie aus den Pflanzen heraussaugen. Der Rest wird praktisch unverdaut als Honigtau wieder ausgeschieden. Auf dem klebrigen Überzug, der sich auf den Blättern bildet, siedeln sich oft Rußtaupilze an, die die Oberfläche von Blättern und Früchten verschmutzen und die Lichtausbeute und somit die Photosyntheseleistung verringern.
- Schäden durch toxische Wirkung des Speichels: Eine wichtige Rolle spielt beim Nahrungserwerb der Speichel der Läuse. Beim Einstechen injizieren sie ihren Speichel in die Pflanzen. Dieses führt zu Verfärbungen, Aufwölbungen und Kräuselungen.
- Schäden durch Übertragen von Viruskrankheiten: Viele Blattläuse

Tierische Schädlinge bekämpfen

sind Überträger von Viruskrankheiten (beispielsweise Mosaik-, Vergilbungs- und Blattrollviren). Die dadurch entstehenden Schäden sind oft größer als die Saugschäden. Die gefährlichste Virusüberträgerin ist bei uns die Grüne Pfirsichblattlaus. Sie hat über 400 verschiedene Sommerwirte, darunter, Rübe, Kohl, Kartoffel, Gurke.

Vorbeugende Maßnahmen:
- Fördern Sie die natürlichen Feinde: Marienkäfer und deren Larven, Vögel, insbesondere Meisen, Ohrwürmer, Schwebfliegen, Florfliegen, Schlupfwespen.
- Bestäuben Sie junge Pflanzen mit Algomin oder Gesteinsmehl; decken Sie Gemüsebeete mit Kulturschutznetzen (Gemüsenetzen) ab.
- Pflanzen auf der Fensterbank können Sie auch mit einem Tee aus Basilikum blattlausfrei halten.

Maßnahmen bei Befall:
- Nehmen Sie sehr stark verlauste Pflanzen am besten heraus, schneiden Sie stark verlauste Triebe ab.
- Wiederholte Spritzungen mit Rhabarberblätterbrühe helfen vor allem bei Schwarzen Läusen an Bohnen und Kirschen, bei Läusen an Salat und Kohl.
- Spritzen Sie mit Rainfarn- oder Wermutbrühe (siehe Seite 110/111).
- Spritzen Sie mit Schmierseifenlösung oder Pflanzenschutzseife (nicht an Gemüse).
- Bekämpfen Sie die Wintereier mit scharfer Rainfarnbrühe (siehe Seite 110) und Öl-Emulsion (Öl-Wasser-Gemisch; als fertiges Präparat unter der Bezeichnung „Promonal" im Handel).
- Neudosan als käufliches Präparat wirkt gegen alle saugenden Insekten, dabei die Spritzung öfter wiederholen.
- Produkte mit dem Wirkstoff des Neembaumes wirken auf viele Insekten, so auch auf Blattläuse abschreckend und schränken deren Fortpflanzungsfähigkeit ein.

Gemüsefliegen

Zu den schädlichen Gemüsefliegen zählen die Kleine und Große Kohlfliege oder Rettichfliege, die Möhren-, Zwiebel-, Spargel- und Bohnenfliege. Alle genannten Fliegen legen ihre Eier an oder in die Nähe des Wurzelhalses der Wirtspflanzen. Die ausschlüpfenden Larven (Maden) dringen in das Gewebe ein, fressen dort Gänge und bringen oft die befallenen Pflanzenteile zum Faulen.

Die engmaschige Gemüseschutznetze halten Gemüsefliegen und Läuse von den Pflanzen fern

Naturgemäßer Pflanzenschutz

Vorbeugende Maßnahmen:
- Bauen Sie im Mischkulturen-Verfahren an.
- Verwenden Sie keinen frischen Mist oder halb verrotteten organischen Dünger, dadurch werden die Fliegen angezogen.
- Bei Kohlpflanzen haben sich Halskrausen aus Pappe oder Plastik bewährt, die mühelos um den Wurzelhals gelegt werden können. Sie sind im Handel erhältlich.
- Lassen Sie bei der Ernte keine Kohlstrünke oder andere Pflanzenreste auf dem Beet, darin überwintern die Fliegen.
- Decken Sie bei erfahrungsgemäß starkem Befall im Frühjahr die Beete mit Vlies oder Kulturschutznetzen ab.

Mottenschildläuse oder Weiße Fliegen

Weiße Fliegen oder Mottenschildläuse gehören wie die Blattläuse zu den saugenden Insekten. Ihren Namen verdanken sie dem mehlartigen weißen Überzug aus Wachs, mit dem sie bepudert sind. Weiße Fliegen kommen vor allem im Gewächshaus vor. Im Freiland werden Kohlarten, besonders Wirsing, Rosenkohl und Grünkohl, Goldlack, Gänsedistel, Schöllkraut, Fuchsien und vereinzelt Erdbeeren befallen.

Vorbeugende Maßnahmen:
- Fruchtwechsel; bauen Sie nur alle drei bis vier Jahre Kohlarten auf der selben Fläche an.
- Räumen Sie befallene Beete im Herbst sauber ab, um Schädlingen möglichst keine Überwinterungsmöglichkeiten zu bieten.
- Locken Sie Nützlinge an (z. B. Schlupfwespen): durch Aufhängen von Hartholzblöcken mit verschieden großen Bohrlöchern, Schilfrohrbündeln oder Lochziegeln an regengeschützten Stellen.
- Setzen Sie in Gewächshäusern zwischen gefährdete Pflanzen möglichst viele Duftpelargonien.

Maßnahmen bei Befall:
- Stellen Sie auf kleinen Beeten gelbe Schalen mit einem nach Zitrone duftenden Spülmittel auf: die Schädlinge fliegen darauf zu und ertrinken.
- Nehmen Sie im Notfall Spritzungen mit Rainfarnbrühe vor (Wirkung ist bei starkem Befall nicht befriedigend).
- Stellen Sie bei starkem Befall Rainfarn-/Rhabarberbrühe (siehe Seite 110/111) im Verhältnis 1:1 her, geben Sie etwas Neutralseife dazu und spritzen Sie mehrmals innerhalb von fünf bis sieben Tagen, um die jeweils ausschlüpfenden Larven zu treffen, bevor diese im schildlausartigen Puppenstadium unempfindlich für Spritzmittel werden.
- Der gezielte Einsatz der Schlupfwespe *Encarsia formosa* ist nur im Gewächshaus zu empfehlen. Dort ist er sogar effektiver als Spritzungen mit chemischen Mitteln (siehe Bezugsquellen Seite 123).

Spinnmilben

Spinnmilben stellen sich hauptsächlich bei Bohnen und Gurken im Gewächshaus ein. Im Freiland ist nur die Obstbaumspinnmilbe von Bedeutung.

Tierische Schädlinge bekämpfen

Vorbeugende Maßnahmen:
- Fördern und schonen Sie Nützlinge wie Raubmilben und Florfliegenlarven.

Maßnahmen bei Befall:
- Im Gewächshaus können Sie Raubmilben aussetzen, die die Schädlinge gut in den Griff bekommen (Bezugsquellen siehe Seite 123).
- Wiederholte Spritzungen mit Rhabarberblätterbrühe und Ackerschachtelhalmbrühe im Verhältnis 1:1 (siehe Seite 109ff.) halten den Milbenbefall in Grenzen.
- Setzen Sie bei Obstbäumen im Frühjahr ein mineralölhaltiges Mittel ein, das die Poren der überwinternden Eier verstopft und die Larven erstickt.

Raupen

Als „Raupen" bezeichnen wir die Larven der Schmetterlinge, die ihre Entwicklung oft an unseren Kulturpflanzen durchlaufen. Im Gemüsebau sind die Kohlweißlingsraupen und die Gemüseeulen am bekanntesten.

Vorbeugende Maßnahmen:
- Fördern Sie die Vogelpopulation im Garten, denn die Raupen bilden einen wichtigen Nahrungsanteil der Vögel.

Maßnahmen bei Befall:
- Bei wenigen befallenen Pflanzen reicht es, die Eigelege zu zerdrücken oder die Tiere per Hand abzusammeln und zu vernichten.
- Führen Sie Spritzungen mit Wermutjauche, Holunderblätterjauche oder Eichenblätterjauche durch (siehe Seite 109ff.).
- Bringen Sie Raupenspritzmittel mit biologischem Wirkstoff aus (siehe Bezugsquellen Seite 123).

Schnecken

Schnecken kommen mit und ohne Gehäuse, im Wasser, im Schlamm oder auf dem Land lebend vor. In unseren Gärten haben wir es zum Glück nur mit einigen wenigen Arten zu tun, die in zwei große Gruppen eingeteilt werden: **Gehäuseschnecken** und **Nacktschnecken**. Nacktschnecken sind gefräßiger, fressen öfter an lebenden und weniger an abgestorbenen Pflanzenteilen und können deshalb gerade im Frühjahr, wenn die Pflanzen noch klein sind, eine wahre Plage sein.

Vorbeugende Maßnahmen:
- Bieten Sie den natürlichen Feinden der schleimigen Gartenbesucher

---

Schneckenzäune und Schutzstreifen

Dafür eignen sich: Holzwollestreifen, ca. 10 cm breit und 10 cm hoch, klein geschnittene Tannenzweige mit vielen Nadeln, Gerstenstroh und Gerstengrannen, getrockneter Thymian- und Lavendelschnitt, zerkleinertes Farnkraut, Streifen aus Sand, Kies, Lavagranulat, Bimsstein, Stein- oder Sägemehl und andere trockene, raue Stoffe. Auch ein lebendiger Zaun aus Lavendel, Thymian und Kerbel kann die Beete schützen, wenn er dicht genug ist.

(Igel, Kröten, Amseln und andere Vögel, Laufkäferarten) Rückzugsmöglichkeiten in Ihrem Garten wie Reisighaufen, Hecken oder naturnahe Säume.
- Gegen die Zuwanderung von Schnecken aus benachbarten Wiesen helfen Schneckenzäune und Schutzstreifen.

Maßnahmen bei Befall:
- Bei Masseninvasionen hilft Ködern und Absammeln. Dabei erleichtern Pappstreifen, angerottete Bretter oder große Blätter, die man zwischen die Reihen auslegt, die Arbeit. Tagsüber verkriechen sich die Tiere darunter und Sie können sie leicht absammeln.
- Auch Bierfallen haben sich bewährt – einfache Joghurtbecher, die bis zur Hälfte in den Boden gesenkt und halbvoll mit Bier gefüllt werden, locken die Tiere an. Kontrollieren und leeren Sie die Becher regelmäßig.
- Nur im Notfall sollten Sie handelsübliche Präparate verwenden (siehe Bezugsquellen Seite 123). Geben Sie Präparaten mit natürlichen Wirkstoffen den Vorzug.

Wühlmäuse

Wühlmäuse gehören in Gärten, die an das freie Feld angrenzen, zu den gefürchtetsten Schädlingen. Sie benagen die Wurzeln unserer Gemüsepflanzen und Blumenzwiebeln, schädigen aber vor allem junge Obstbäume. Durch den Wurzelfraß können diese innerhalb kurzer Zeit eingehen. Schäden entstehen außerdem durch das Wühlen und Anlegen eines Gangsystems unter dem Gartenboden, wodurch Regen- und Gießwasser abfließen und die Wurzeln von Gemüsepflanzen und Blumen, selbst wenn sie nicht abgefressen werden, keine Nährlösung aufnehmen können und vertrocknen.

Die Wühlmaus wird etwa 18 cm lang und hat ein bräunliches bis grauschwarzes Fell. Die Weibchen werfen drei bis viermal jährlich bis zu sieben Junge. Schon nach zwei Monaten ist der Nachwuchs ebenfalls geschlechtsreif. Dadurch wird klar, weshalb die Wühlmaus beim Fehlen von natürlichen Feinden zu einer schlimmen Plage werden kann.

Vorbeugende Maßnahmen:
- Locken Sie Greifvögel in Ihren Garten, z. B. durch Aufstellen von Sitzstangen, Anlegen von Steinhaufen als Unterschlupf für Mauswiesel.
- Schützen Sie junge Obstbäume durch engmaschige Drahtkörbe.
- Setzen Sie Kaiserkronen, Knoblauch und Kreuzblütige Wolfsmilch (*Euphorbia lathyris*) um gefährdete Pflanzen oder um ganze Grundstücke herum.
- Pflanzen Sie Sonnenblumen im Wechsel mit Stechapfel (*Datura stramonium*; Achtung, giftig!) als Gartenumrandung an.
- Stecken Sie leere Flaschen mit dem Hals nach oben schräg um gefährdete Beete herum. Das Streichen des Windes darüber erzeugt Pfeiftöne, die die Nager irritieren.

Maßnahmen bei Befall:
- Stecken Sie Thuja- und Holunder-Schnitt in die Gänge und streuen Sie

Tierische Schädlinge bekämpfen

ihn um gefährdete Pflanzen herum großzügig aus.
- Gießen Sie Holunderblätterjauche (siehe Seite 109) zur Vergrämung in die Gänge.
- Setzen Sie Fallen in die Gänge (verschiedene Wühlmausfallen sind im Handel zu beziehen). Vergessen Sie nicht, zur Minderung des Menschengeruchs die Hände vorher gründlich mit Erde abzureiben!
- Verteilen Sie Wasserfallen im Garten: Graben Sie große Konservendosen so in den Boden, dass sie ebenerdig abschließen, und befüllen Sie sie mit Wasser. Laufen nachts die Mäuse über die Beete, fallen sie in die Dosen und ertrinken.
- Streuen Sie Pfeffer in die Gänge: Bei trockenem Wetter lassen sich Wühlmäuse durch 125 bis 250 g Pfeffer, der in ihre Gänge gestreut wird, vertreiben.
- Legen Sie Wühlmausköder oder das umweltverträgliche Wühlmausmittel Quiritox aus (siehe Bezugsquellen Seite 123). Dieses wirkt erst, wenn die Nager wiederholt davon gefressen haben, muss also immer wieder ausgelegt werden.

Bodenschädlinge

Zu den Bodenschädlingen gehören Erdraupen, Drahtwürmer, Engerlinge, Larven der Dickmaulrüssler, Schnakenlarven und Nematoden. Alle diese Bodenbewohner befallen die Wurzeln der Pflanzen. Wenn Salatpflanzen von einem Tag zum anderen abwelken, sitzt meist an der Wurzel oder in der Umgebung der Übeltäter und kann leicht entfernt werden.

Drahtwürmer bohren sich gern in Kartoffelknollen ein.

Vorbeugende Maßnahmen:
- Bekämpfen Sie größere Larven durch häufiges Bodenbearbeiten und Kalken.
- Nematoden können Sie durch Mischkulturenanbau und durch das Anpflanzen von Studentenblumen, Ringelblumen und Senf unterdrücken.

Ameisen

Obwohl Ameisen nicht zu den Schädlingen im eigentlichen Sinn gehören, können drei Ameisenarten durch ihren Nestbau, ihre Blattlauspflege und ihre sehr starke Vermehrung im Garten erhebliche Schäden anrichten: die Gelbe Wiesenameise, die Schwarz-

Naturgemäßer Pflanzenschutz

graue Wegameise (auch Gartenameise genannt) und die Rasenameise. Wo Ameisennester wirklich stören, sollten Sie zuerst versuchen, die Tiere durch stark duftende Pflanzen zu vertreiben. Möglicherweise reagieren die unterschiedlichen Arten auf verschiedene Pflanzen.

Maßnahmen bei Befall:
- Pflanzen Sie Lavendel, Majoran, Thymian und Wermut neben Pflanzen, die wegen ihrer Blattläuse von Ameisen besucht werden.
- Bestreuen Sie die Ameisenstraßen und -nester mit Schnittgut der oben angegebenen Pflanzen, außerdem mit zerkleinertem Farnkraut, Rainfarn, Holunder, Wacholder, Walnussblättern, Zimt.
- Pflanzen Sie Weinraute in die unmittelbare Nähe der Ameisennester und bestreuen Sie die Nester und Ameisenstraßen mit kleingeschnittener Weinraute.
- Beträufeln Sie Ameisenstraßen und -nester mit Lavendelöl, Essig, Neemöl oder stark duftendem Zitronensaft.
- Gießen Sie Wermutjauche oder Jauche aus Schalen der Zitrusfrüchte (siehe Seite 111) auf die Nester.
- Unterbrechen Sie die Ameisenwanderung an Obstbäumen, indem Sie Wermut oder Weinraute fest um den Stamm binden. Bei kleinen Bäumen versperrt auch eine um den Stamm angebrachte Pappmanschette den Krabblern den Weg.
- Leimringe bilden ebenfalls ein unüberwindbares Hindernis für die Ameisen.
- Ein altes Hausmittel ist das Ausstreuen eines Gemisches von Puderzucker und Backpulver, wobei das Gemisch jedoch nicht feucht werden darf. Die Tiere fressen davon und gehen ein. Nach kurzer Zeit kommen keine weiteren Ameisen nach.
- Setzen Sie giftfreie Vergrämungspräparate ein, beispielsweise Ameisenöl oder Ameisenpuder (siehe Bezugsquellen Seite 123), die stark nach Zitrone riechen.
- Siedeln Sie die Tiere mit Hilfe eines großen umgestülpten Blumentopfes um, der mit Holzwolle gefüllt ist. Stülpen Sie ihn über ein störendes Nest; nach wenigen Tagen haben die Ameisen ihre Brut dorthin getragen und sind (hoffentlich) mitsamt ihrer Königin in den Blumentopf umgezogen. Mit einer Handschaufel kann man das Nest dann ausheben und an den Waldrand oder ins freie Feld bringen. Leider zieht die Königin nicht immer mit um, und dann ist nach kurzer Zeit der im Garten verbliebene Rest wieder ein voll funktionsfähiges Volk.

Bezugsquellen / Literatur

Bezugsquellen

Gartenbedarf und naturgemäße Pflanzenschutz- und Pflanzenpflegemittel

Abtei Fulda, Nonnengasse 16, 36037 Fulda,
Tel.: 0661/ 9024531
Fax: 0661/9024545
(Kräuterpulver Humofix)

Bernhard Füger, Kalmitstr. 15, 68753 Waghäusel,
Tel./Fax: 07254/ 72835
(Neemprodukte, Moosextrakt)

Blauetikett Bornträger GmbH, In den Aspen,
67591 Offstein
Tel.: 06743/90 53 26,
Fax: 06743/90 53 28
E-Mail: blauetikett@web.de
Internet: www.blauetikett.de
(Pflanzen zur Schädlingsabwehr: *Euphorbia lathyris*, Duftperlagonien, Ackerschachtelhalm-, Rainfarnschnitt, Brennnesselpulver)

Keller GmbH & Co.KG,
Biogarten u. Gesundheit Konradstr. 17,
79100 Freiburg i.Br.
Tel.: 0761/70 63 13,
Fax: 0761/70 63 14
E-Mail: Info@biokeller
Internet: www.biokeller.de
(Gemüsefliegen-Netze, Hornspäne und Hornmehl, Raupenspritzmittel, Raupenleimringe, Promanal, Quiritox, Wühlmausfallen und alle Präparate der Fa. Neudorff)

Fa. Neudorff, Postfach 126, 31857 Emmertal
Tel.: 05155/62 40,
Fax: 05155/ 60 10
(Nützlinge: Raubmilben, Schlupfwespen, Gallmilben u. a., Pflanzenschutzmittel: Neudosan, Raupenspritzmittel, Bio-Blatt-Mehltaumittel u.a.)

Fa. Snoek, Tannenweg 10,
27356 Rotenburg/Wümme,
Tel.: 04268/400; Fax: 04268/1313
(Ameisen-Öl, Ameisen-Puder, Schnecken-Granulat, Schnecken-Kragen, Pflanzenschutzseife, Ackerschachtelhalmextrakt, Leimringe)

Verwendete Literatur

Abtei Fulda: Gemüsebau im Biogarten, 9. Auflage, Fulda, 1994

Abtei Fulda: Heil- und Würzkräuter – Naturgemäßer Anau und Verwendung, Fulda, 1994

Abtei Fulda: Obstbaukalender auf biologischer Grundlage, Fulda, 1997

Abtei Fulda: Blumen im Nutzgarten, Fulda,1985

Abtei Fulda, Pflanzensaft gibt Pflanzen Kraft, Fulda, 1983

Abtei Fulda: Pflanzen duften den Garten gesund, Fulda, 1996

Boas, Friedrich: Dynamische Botanik, Hanser Verlag, München, 1949

Franck, Gertrud: Gesunder Garten durch Mischkultur, Südwest-Verlag, München, 1980

Haller, Albert von: Wirkstoffe der Pflanzen als Ordnungskräfte, bioverlag gesundleben, Dreieich, 1981

Hills, Lawrence D.: Organic Gardening, Harmondsworth, Middleessex, 1977

Schrödter, Willy: Sympathien und Antipathien im Pflanzenreich, Baumgartner-Verlag, Billerbeck, 1957

Empfohlene Literatur/ Zum Nachschlagen

Bruns, Susanne: Was der Großvater noch wußte (I, II und III), Stuttgart, Kosmos 1993.

Kern, Andrea: Gärtnertricks aus alter Zeit, München, BLV-Verlagsgesellschaft mbH 2002.

Schmid/Henggeler: Biologischer Pflanzenschutz im Garten, Stuttgart, Verlag Eugen Ulmer 2002.

Weinrich, Christa: Geheimnisse aus dem Klostergarten, Stuttgart, Kosmos-Verlag 1998.

Register

Ackerschachtelhalm-
   brühe 109
Ackerschachtelhalm-
   jauche 109
A-Kulturen 13
Allelopathie 6
Ameisen 121
Anzucht 97
Anzuchterde 98
Apfel 96

Baldrian 85
Beet 24
Beeteinteilung 24
Beetkultur 4
Begleitkulturen 25
B-Kulturen 13
Blattläuse 116
Blumenkohl 41, 42, 71
Bodenbearbeitung 101
Bodenbedeckung 102
Bodenmüdigkeit 9
Bodenschädlinge 121
Bohnen 26, 30, 71
Brennnesseljauche 104
Brokkoli 71
Brombeere 95
Brühe 108
Buschbohnen 26, 71
Büschelschön
   (*Phacelia*) 82

Chinakohl 44, 45, 71
C-Kulturen 13

Duftgeranie 89
Düngung 103

Echter Mehltau 112
Eichenblätterjauche 109
Erbse 32, 38
Erdbeeren 94

Falscher Mehltau 113
Feldsalat 28, 65, 74
Flachwurzler 7
Fruchtfolge 23

Gartenbeet 24
gegenseitige Schädlings-
   abwehr 9
Gemüsefliegen 117
Geranie 89
Gleichkultur 4
Grauschimmel 114
Gründüngung 105
Grünkohl 28, 71
Gurke 35, 37, 38, 71

Himbeere 95

Immergrün 70

Jauche 104, 108
Johannisbeere 95

Kaltwasserauszug 108
Kamille 78
Kapuzinerkresse 78
Kartoffeln (Frühkartof-
   feln) 43f., 71
Kerbel 78
Knoblauch 79
Knoblauch-Schmierseife-
   Spritzmittel 110

Knollenfenchel 43f., 71
Kohlarten 43, 45
Kohlhernie 115
Kohlrabi 26, 30, 32, 35,
   64, 71
Kompostbau 103
Kopfkohl 28, 43, 58,
   66, 71
Kopfsalat 28, 35, 38,
   51, 53, 71
Kraut- und Knollenfäule
   113
Kresse 77
Kulturfolge 23
Kümmel 80

Lauch 49ff., 60, 64, 71
Lavendel 86
Leitkulturen 25
Lupine 82

Maiglöckchen 90
Mangold 32, 56, 71
Meerrettich 71, 87
Meerrettichbrühe 110
Milben 118
Möhren 33, 49, 50, 51,
   55, 72
Monokultur 4
Mottenschildläuse 118
Mulchen 102

Nachkulturen 26
Nährstoffausnutzung 7
Narzisse 90
Negative Kombinationen
   67

Register

Petersilie 81
Pfefferminze 87
Pflanzengemeinschaft 5
Pflanzung 99
Pflücksalat 26, 60
Pikieren 98
Porree (siehe Lauch)

Radieschen 26, 33, 72
Rainfarnbrühe 110
Raupen 119
Reihenmischkultur 12
Rettich 54, 72
Rhabarber 72
Rhabarberblätterbrühe 111
Ringelblume (*Calendula*) 62, 83
Rosenkohl 28
Rosmarin 88
Rostkrankheiten 115
Rote Bete 30, 55, 72
Rotkohl 43

Saatbäder 97
Salbei 88
Schafgarbe 93
Schattengare 8
Schnecken 119
Schwarzwurzel 58, 72
Sellerie 41, 59, 72
Senf 82
Sonnenblumen 46f., 83
Spinat 14, 17, 26, 35, 43, 72
Stangenbohnen 30, 37, 72
Studentenblumen (*Tagetes*) 85

Tee 108
Thymian 89
Tiefwurzler 7
Tomaten 62, 72
Topinambur 90
Tulpe 93

Unkrautbekämpfung 103

Veilchen 89
Vorkulturen 26

Wachstumsförderung 10
Waldmeister 90
Wein 96
Weiße Fliegen 118
Weißkohl 43, 72
Wermut 89
Wicken 84
Wirsing 58
Wühlmäuse 120

Ysop 93

Zucchini 72
Zuckermais 72
Zwiebeln 35, 52f., 72
Zwiebelschalenbrühe 111
Zwiebelschalenjauche 111

Bildquellen

Benediktinerinnenabtei „Zur Heiligen Maria", Fulda: Seite 3, 32, 59, 77, 80, 99.
Beuchert, Patricia: Seite 82.
Bross-Burkhardt, Brunhilde, Langenburg: Umschlagvorderseite Einklinker rechts.
Ferret, Philippe: Seite 88.
GartenBildAgentur Strauß/GBA: Titelbild (groß).
Landesanstalt für Pflanzenschutz, Stuttgart: Seite 112.
Laux, Hans, Biberach: Umschlagvorderseite Einklinker Mitte und links.
Redeleit, Wolfgang, Bienenbüttel: Seite 12.
Reinhard, Hans, Heiligkreuzsteinach: Umschlagrückseite Einklinker Mitte und links, Seite 5, 8, 22, 25, 43, 53, 63, 69, 76, 78, 81, 84, 86, 94, 100, 104.
Schaefer, Bernd, Berlin: Seite 114, 121.
Stein, Brigitte und Siegfried, Vastorf: Umschlagrückseite Einklinker rechts, Seite 11, 51.
Stein, Brigitte, Vastorf: Seite 38, 117.
Volk, Fridhelm, Stuttgart: Seite 76
Wachsmuth, Karin, Stuttgart: Freisteller Umschlagrückseite.

Die Zeichnungen fertigte Helmuth Flubacher, Waiblingen, nach Vorlagen der Verfasserin an.

Impressum

Bibliografische Information Der Deutschen Bibliothek
Die Deutsche Bibliothek verzeichnet diese Publikation in der Deutschen Nationalbibliografie; detaillierte bibliografische Daten sind im Internet über http://dnb.ddb.de abrufbar.

ISBN 3-8001-6692-5

Das Werk einschließlich aller seiner Teile ist urheberrechtlich geschützt. Jede Verwertung außerhalb der engen Grenzen des Urheberrechtsgesetzes ist ohne Zustimmung des Verlages unzulässig und strafbar. Das gilt insbesondere für Vervielfältigungen, Übersetzungen, Mikroverfilmungen und die Einspeicherung und Verarbeitung in elektronischen Systemen.

© 2003 Eugen Ulmer GmbH & Co.
Wollgrasweg 41
70599 Stuttgart (Hohenheim)
Internet: www.ulmer.de
Email: info@ulmer.de
Lektorat: Karin Wachsmuth, Christine Weidenweber
Herstellung: Ulrike Strölin, Silke Reuter
Druck und Bindung: aprinta Druck, Wemding
Printed in Germany

Jeden Monat über 100.000 Besucher!

www.gartenfreunde.de

→ Jeden Monat mit neuen Inhalten. → Großes Archiv mit den wichtigsten Artikeln aus dem „Gartenfreund" seit 1997! → Gartenbörse und Tauschbörse. → Bezugsquellen-Verzeichnis mit komfortabler Suchfunktion. → Vier verschiedene Foren. →… und vieles mehr!

Gartenfreunde.de gehört zu den reichweitenstärksten Gartenseiten in Deutschland.

Jeden Monat neue Tipps und Infos für Hobbygärtner!

Ihr Full-Service-Partner für Vereine und Verbände

VERLAG W. WÄCHTER GMBH

Verlegerische Betreuung

Zeitschriften, Magazine, Imagebroschüren und mehr:
Von der Planung bis zur personalisierten Auslieferung.

Verkaufsförderung

Geschäftsberichte, Flyer, Sonderwerbeformen:
Von der Recherche bis zur Response-Auswertung.

Veranstaltungen und Vernetzung

Internet, Multimedia, Branchenevents:
Vom Konzept bis zur Durchführung.

Kommen wir miteinander ins Gespräch!

Elsasser Straße 41
28211 Bremen
Telefon
04 21/3 48 42-0
Telefax
04 21/3 47 67 66

Bismarckstraße 108
10625 Berlin
Telefon
0 30/3 18 69 01-0
Telefax
0 30/31 50 10 66

www.waechter.de
info@waechter.de